税金がタダになる、おトクな「つみたてNISA《ニーサ》」「一般NISA《ニーサ》」活用入門

竹川美奈子［著］

ダイヤモンド社

はじめに

◆2018年から「つみたてNISA《ニーサ》」がスタート！

本書は「つみたてNISA（つみたて型の少額投資非課税制度）」と、一般NISA（少額投資非課税制度）について解説した本です。つみたてNISAと区別するために、2014年から始まっているNISAのことは「一般NISA」と表記します。

では、2018年1月から始まった「つみたてNISA」とはどんな制度なのでしょうか。カンタンに説明すると、年間40万円まで、一定の条件を満たした株式投資信託やETF（上場投資信託）を積み立て方式で買っていくと、最長20年にわたってその間に受け取る分配金や解約したときの利益に対して税金がかかりませんよ、という制度です。「投資信託」「積み立て」「非課税期間20年」がキーワードです。

◆つみたてNISAの4つのメリット

つみたてNISAのメリットとは何でしょうか。

1つ目はわかりやすさです。「年間40万円」の範囲内で、投資信託を積み立てていくと、「最長20年」にわたって、受け取る「分配金（＊1）や解約したときの利益が非課税」になるというシンプルでわかりやすいしくみになっています。

くわしくは第2章で解説しますが、一般NISAは新規に投資できる期間は10年、非課税期間は5年なので、しくみが少々複雑です。

その点、つみたてNISAは新規に投資できる期間も、非課税期間も同じ20年と、いたってシンプルです。

2つ目は「ためながらふやす」しくみとして利用しやすいことです。長期的にお金を育てていくには、お給料の一部を自動的に貯蓄や投資に振り向ける「しくみ」を早めに作ってしまうのがポイントです。

昔は「まとまったお金をためてから投資する」のが常識だったかもしれませんが、今や

つみたてNISAと一般NISAの違い

	つみたてNISA	一般NISA
対象商品	一定の基準を満たした投資信託・ETF[注1]	上場株式（国内・海外）、株式投信、REIT[注2]、ETF[注1]など
投資方法	積み立てに限定	一括購入・積み立てのいずれもOK
各年の非課税枠	40万円	120万円（2014年・2015年は100万円）
新規投資が可能な期間	25年（2018年から2042年まで）	10年（2014年から2023年まで）[注3]
非課税で保有できる期間	最長20年間	最長5年間[注4]
引き出し	いつでもできる	いつでもできる

注1　ETF：上場投資信託のこと。詳しくは第2章末コラム100ページ参照
注2　REIT：上場不動産投資信託のこと
注3　2024年から2028年まで新NISA（2階建て）に衣替えして延長
注4　最長5年間だが、新たな一般NISA枠に移すこと（ロールオーバー）で、さらに5年間非課税で保有できる

１００円や５００円、１０００円といった少額から投資信託が購入できる時代です。

万一に備えるお金ができたら、積み立て貯蓄と並行して積み立て投資を始めることが資産形成への近道です。その際、しくみに取り入れやすいのが「つみたてＮＩＳＡ」や、公的年金に上乗せして自分で将来の年金をつくっていく「ｉＤｅＣｏ《イデコ》（個人型確定拠出年金）」といった制度です。

3つ目は「運用益が非課税になる」ことです。

例えば、株式に投資する投資信託をコツコツ積み立てていき、20年後に解約して４００万円の利益がでたとします。この場合、４００万円に対して約20％かかる税金分、80万円が差し引かれて、手元に入るのは３２０万円になってしまいます（ここではわかりやすくするために期間限定で上乗せされている「復興特別所得税＊2」は考慮していません）。

ただし、これは特定口座などの課税口座で投資信託を積み立てていったときのお話です。

もし、つみたてＮＩＳＡで投資信託の積み立てをしていた場合には、利益に対して約20％（この場合は80万円）の税金がかかりませんから、４００万円をまるまる受け取ることができます。

資産形成を行う上では非課税の口座を優先的に活用したいものです。

そして、**4つ目は対象となっている投資信託の手数料が低い**ことです。つみたてNISAの対象となっている投資信託はすべて購入時手数料が無料（ノーロードといいます）ですし、保有中にかかる運用管理費用（信託報酬）についても上限が設定されています。

＊1 普通分配金の場合。元本払戻金（特別分配金）は元本の払い戻しに相当するため、そもそも（課税口座でも）課税されない

＊2 復興特別所得税を含めると税率は20・315％となる

◆つみたてNISAは、投資をしたことがない人を意識したつくりになっている

このように、長期的な視点で、分散された投資信託を活用して資産形成を行うみなさんを国が応援しますよ、というのが「つみたてNISA」です。一般NISAと比べると、これまで投資をしたことのない人（投資未経験者）や初心者の人、そして、長期的に積み

立て投資を行うことで資産形成をしていく現役世代をとくに意識した設計になっています。

つみたてＮＩＳＡで投資できるお金の上限は年間40万円です。月にならすと３万３３００円ほどになります。かりに毎月３万３０００円を20年にわたって積み立てていくと、元本は約８００万円です。かりに１％で運用できれば、お金は約８７７万円に、３％で運用できると１０８０万円程度に育ちます。しかも、利益に対して税金はかからないわけですから、その金額をまるまる受け取ることができます。

もし結婚していたら、世帯でみればその２倍、年間80万円（月額では６万６０００円程度）まで積み立てられるわけですから、資産形成を行う上では十分に価値のある金額だと思いませんか。逆に、それ以上に投資する余裕のある人や、個別株を買いたいというような人は、一般ＮＩＳＡを利用しましょう。つみたてＮＩＳＡは一部の株式投資信託やＥＴＦしか購入できないからです。

また、つみたてＮＩＳＡや一般ＮＩＳＡ以外にも税制優遇のある制度はあります。ぜひｉＤｅＣｏ（個人型確定拠出年金）などと合わせて利用しましょう。

もっとも、つみたてＮＩＳＡや一般ＮＩＳＡには、注意すべき点もあります。

本書では、つみたてＮＩＳＡと一般ＮＩＳＡについて、概要や対象となる商品、２つの制度の違い、活用法から留意点、金融機関選びのポイントまでわかりやすく解説します。中立的な立場から、初心者の人でも理解できるわかりやすい表現を心がけました。

第1章「つみたてNISAってなに？」では、2018年1月から新たにスタートしたつみたてNISAについて、基本的なしくみを説明しました。

第2章「改めて『一般NISA』ってどんな制度？」では、2014年から始まっている一般NISAについておさらいをするとともに、スタート時から変更になった点をご紹介します。つみたてNISAに比べてわかりにくい部分もあるので、注意すべきポイントについても丁寧に解説しました。

第3章「つみたてNISA・一般NISAをどう活用する？」では、おもにつみたてNISAの活用法について考えていきます。過去10年や20年にわたって積み立て投資をしていたら、どうなったかも検証しています。商品を選ぶときの注意点についても触れました。

第4章「案外重要！　金融機関選びのポイント」では、主要金融機関の取り扱い商品やサービスについてご紹介し、第5章「つみたてNISA&一般NISA丸わかりQ&A」ではQ&A形式でさまざまな疑問にお答えしています。

巻末には「つみたてNISA対象商品一覧」もつけました。

最近は資産形成を応援する制度がたくさんできました。とてもよいことではあるのですが、反面制度がたくさんありすぎてわからないという声も耳にします。長い目でコツコツお金を育てていくために、せっかくなら今ある制度は有効に活用したいもの。そのためには注意点も含めた制度の理解が必要です。

本書は2013年、14年に発売した『NISA活用入門』を、つみたてNISAのスタートに合わせて大幅に加筆・修正したものです。本書がみなさまの資産形成の一助になれば幸いです。

竹川美奈子

もくじ

税金がタダになる、おトクな「つみたてNISA」「一般NISA」活用入門

第2章 改めて「一般NISA」ってどんな制度？

第3章 つみたてNISA・一般NISAをどう活用する？

第4章　案外重要！　金融機関選びのポイント

第5章 つみたてNISA&一般NISA丸わかりQ&A

第1章

つみたてNISA（積み立て型の少額投資非課税制度）ってなに？

◆つみたてNISA《ニーサ》って、どんな制度？

つみたてＮＩＳＡというのはどんな制度なのでしょうか（図１－１）。「はじめに」でも少し触れましたが、証券会社や銀行、ゆうちょ銀行などの金融機関でＮＩＳＡ口座（非課税口座）を開設し、その口座内のつみたてＮＩＳＡ枠で株式投資信託やＥＴＦを購入していくと、本来約20％の税金がかかる分配金（＊）や解約したときの利益が非課税になる、という制度です。投資できるのは年間40万円までで、非課税で保有できる期間は最長20年です。

ＮＩＳＡというのは「少額投資非課税制度」の愛称です。つみたてＮＩＳＡは、購入方法が、例えば毎月１万円というように一定額を定期的に購入していく「積み立て」に限定されているため、ＮＩＳＡの前に「つみたて」がついています。長期的な視点で、幅広く分散された株式投資信託をコツコツ積み立てていくことで、資産を育てていくことを国が後押しする制度です。

＊普通分配金の場合。元本払戻金（特別分配金）は元本の払い戻しに相当するため、そもそも（課税口座でも）課税されない

1-1 つみたてNISA（積み立て型の少額投資非課税制度）ってなに？

つみたて **NISA**

つみたて → 一定額を定期的に継続的に買っていく

少額の**投資**が**非課税**になる**制度**

少額 → 投資するお金が**年40万円**まで

投資 → 一定の条件を満たした
- 公募株式投資信託
- ETF（上場投資信託）

非課税 → 解約したときの利益や配当・普通分配金にかかる税金が**20年間非課税**

2018年
1月スタート
です

◆NISA口座の中には「つみたて」と「一般」という2つの投資枠がある！

そもそもNISAというのは、毎年非課税で運用できる投資枠が設定されて、その範囲内で投資すると受け取った配当金や普通分配金、売却したときの利益が非課税になる制度のことをいいます。

NISAを利用するには「利益が非課税になる口座（NISA口座）」を開設する必要があります。その非課税口座の中に、一般NISAの非課税枠を管理するポケットと、つみたてNISAの投資枠を管理するポケットがそれぞれ別にある、というふうにイメージしてください（図1－2）。

別々の投資枠なので、「つみたてNISA」と「一般NISA」は同じ年に一緒に使うことはできません。どちらかひとつを選ぶ必要があります。毎年、どちらかの投資枠を選ぶことができるので、「つみたてNISAから一般NISAへ」「一般NISAからつみたてNISAへ」という具合に、1年単位で変更することもできますが、変更するには届出が必要です（＊）。

1-2 一般NISAとつみたてNISAの投資枠

- ■課税口座
  - 特定口座（源泉徴収あり・源泉徴収なし）
  - 一般口座
- ■NISA口座（非課税口座）
  - 一般NISA用の各年の投資枠（非課税管理勘定）
  - つみたてNISA用の各年の投資枠（累積投資勘定）

NISAは2種類になったんだ！

①つみたてNISAと一般NISAはどちらか一方を選択
同じ年に両方は使えない

②つみたてNISAと一般NISAは
年単位で変更することができる

③つみたてNISAと一般NISAの間で
商品を移管することはできない

＊原則として、変更しようとする年の前年10月から12月の間に、金融機関で変更の手続きを完了する必要があります

また、一般ＮＩＳＡで保有する商品をつみたてＮＩＳＡに移管したり、逆に、つみたてＮＩＳＡで積み立てた投資信託を一般ＮＩＳＡに移管したりすることもできません。といっても、かりに**一般ＮＩＳＡからつみたてＮＩＳＡに変更しても、一般ＮＩＳＡで保有している投資信託を解約する必要はなく、そのまま残しておくことはできます**し、非課税期間中は非課税で運用することも可能です。

ただ、商品を別々の枠で保有すると口座管理が煩雑になります。運用方針を決めて、どちらか一方を継続的に利用することをおすすめします。

第1章ではまず「つみたてＮＩＳＡ」について解説していきます。

つみたてＮＩＳＡは株式投資信託やＥＴＦを積み立てていくというシンプルな制度ですが、いくつか決まりごとがあります。図1－3につみたてＮＩＳＡの概要をまとめました。1つひとつ順番にみていきましょう。

1-3 つみたてNISAの概要

	つみたてNISAの概要	一般NISA
口座開設できる人	日本国内に住む20歳以上の人	○同じ
対象となる商品	一定の要件をすべて満たした株式投資信託またはETF	×違う
購入方法	積み立てに限定	△一括も積み立てもOK
購入が可能な期間	20年（2018年から2037年）	×違う
非課税期間	最長20年間	×違う
非課税投資額	毎年、40万円まで	×違う
非課税対象	普通分配金、譲渡益	○同じ
累積投資額の上限	800万円（40万円×20年）	×違う
途中売却	いつでもできる（枠の再利用不可）	○同じ

NISAはもともとイギリスが1999年に導入した「ISA（Individual Savings Account＝個人貯蓄口座）」を参考に日本に導入した制度。ですから日本版ISA＝NISA《ニーサ》という愛称になりました

❖どんな人が利用できる？（一般NISAと共通）

日本国内に住んでいて、20歳以上の人であれば、だれでも「つみたてNISA」を利用することができます。例えば、2018年につみたてNISAを利用できるのは、2018年1月1日時点で、20歳以上で日本に住んでいる人ということになります。

その条件さえ満たしていれば、会社員や自営業の人はもとより、公務員や専業主婦、学生など、どんな立場の人でも利用できます。年齢の上限もありません。

❖NISA口座はどこで開設できる？（一般NISAと共通）

証券会社をはじめ、都市銀行、地方銀行、ゆうちょ銀行などでNISA口座を開設することができます。ただし、すべての金融機関でつみたてNISAを利用できるわけではありません。

また、つみたてNISAの対象となっている商品のうち、どの商品を取り扱うのか、投資信託の最低積み立て金額はいくらか、積み立ての頻度は毎月かそれ以外の選択肢もあるのか――といったことは金融機関によって異なります。金融機関は各年で、原則1つしか利用できないため、口座開設前にそれらの条件を確認することが大切です（詳しくは第4章をご覧ください）。

❖どんな金融商品が対象になるの？

対象となるのは、厳しい条件をすべてクリアした株式投資信託とＥＴＦです（31ページ図1－4）。いずれも、「信託期間（運用期間のこと）が無期限（ずっと運用するということ）または20年以上、「毎月分配型（＊）は除く」といった共通の条件で絞り込まれたものです。そして、商品のタイプに応じて、さらに細かい条件が決められています（詳細な条件は巻末の対象商品一覧と一緒に掲載しています）。

そのため、一般ＮＩＳＡと異なり、つみたてＮＩＳＡは対象商品が絞り込まれているのが特徴です。２０１9年5月7日時点で金融庁に届出のあった「つみたてＮＩＳＡ」の対象商品は１６３本（うちＥＴＦが３本）。日本で一般の方向けに販売されている投信は6０００本以上ありますから、対象商品は投信全体の３％以下とかなり絞り込まれています。

＊投資信託は会社と同じように決算があり、頻度は年1回、2回、4回、6回、12回など商品によってさまざま。毎月分配型は毎月決算を行うタイプで、決算のたびに分配金を支払うタイプの商品をいう。資産形成には適さないという理由からつみたてＮＩＳＡでは対象外となっている

つみたてＮＩＳＡの対象商品の特徴をまとめました。

◆株式に投資する投信か、株式を含むバランス型投信に限定

投資信託のうち、対象となるのは実際に「株式」に投資している投資信託か、「株式」を含むバランス型（資産複合型）の投資信託に限られます。

「株式」に投資する投資信託というのは、例えば、日本の株式に投資するものや、先進国株に投資をする投信、新興国株に投資をする投信、日本を含めて世界の株にまるごと投資できるタイプの投信などです。

また、バランス型投信は、株式と債券、あるいは株式と債券とＲＥＩＴ（上場不動産投信）、株式とＲＥＩＴというように、必ず株式を含めたセット商品になっている必要があります。

1-4 つみたてNISAで買える商品

買える

- 株式に投資する
  投資信託
- 株式を含む
  バランス型の投資信託
- ETF（株式のみ）

このうち実際に買えるのは厳しい条件をクリアした商品だけ！
条件をクリアしない商品は対象外に

買えない

- 上場株式
- 外国上場株式
- REIT（上場不動産投資信託）
- 債券に投資する投資信託
- REITに投資する投資信託
- 株式を含まないバランス型
  投信
- 株式以外を含むETF
- 個人向け国債、社債、
  外国債券
- 預金　　　　など

株式を含む投信でも
毎月分配型は
買えないんだよ

そのため、外国債券のみに投資する投信や、REIT（上場不動産投信）のみに投資する投信など、株式を含まないものは対象外です。

◆ほとんどがインデックスファンド

対象商品は、

①指定された指数（*）に連動するタイプの投資信託
②指定された指数に連動するタイプの投資信託以外の投資信託
③ETF（上場投資信託）

の3つに分けられます。

*指数というのは、あるまとまった市場全体の動きを反映するように作られた「モノサシ」のようなもの。つみたてNISAではマーケット全体の動きに連動する主要な指数をあらかじめ指定している。具体的な指数は巻末に掲載している

この3つのうち大部分を占めるのは、①指定された指数（＝インデックスとも言う）**に連動するタイプ**の投資信託です。特定の株価指数に連動するタイプのインデックスファン

1-5 ほとんどがインデックスファンド

公募株式投資信託

- **①指定された指数に連動するタイプの投資信託**
  特定の株価指数に連動するインデックスファンドや、指定された株価指数や債券指数、REIT 指数などを組み合わせたバランス型投信
- **②①以外の投資信託**
  アクティブ運用の投資信託や、指定された指数以外に連動するインデックスファンドなど

③ETF（上場投信）
指定された指数に連動する ETF
（国内 ETF、海外 ETF）

対象商品の大部分は①特定の指数に連動するインデックスファンドです。
現在買える135 本は214 ページから！

2017 年 12 月 18 日時点

ドや、複数の指数を組み合わせたバランス型投信がそれにあたります。

インデックスファンドというのは、目標として設定した指数に連動して動くタイプの投資信託のことをいいます（図1－6）。

例えば、日本株の場合、TOPIX（東証株価指数）や日経平均株価といった株価指数と同じように動くことをめざしています。ある程度まとまった市場全体の動きを反映するように運用するケースが多いです。海外株だと、例えば、日本を除く先進国22カ国の株式市場をカバーする「MSCIコクサイ・インデックス」に連動する投信や、日本を除く世界48カ国の会社にまとめて投資できるMSCIオール・カントリー・ワールド・インデックス（除く日本）に連動する投信などがあります。

バランス型投信でいえば、株式と債券、株式と債券とREIT（上場不動産投信）というように、指定された株価指数や債券指数、REIT指数に連動するタイプの投信を組み合わせた商品になります。例えば、4資産（国内、海外の株式と債券のこと）のほか、6資産や7資産、8資産を組み合わせたバランス型投信などです。
②指定された指数に連動するタイプの投資信託以外の投資信託というのは、指数にとらわれない運用を行う、アクティブ運用の投資信託になります（①指定されていない指数に

1-6 インデックスファンドとは？

インデックスファンドとは？

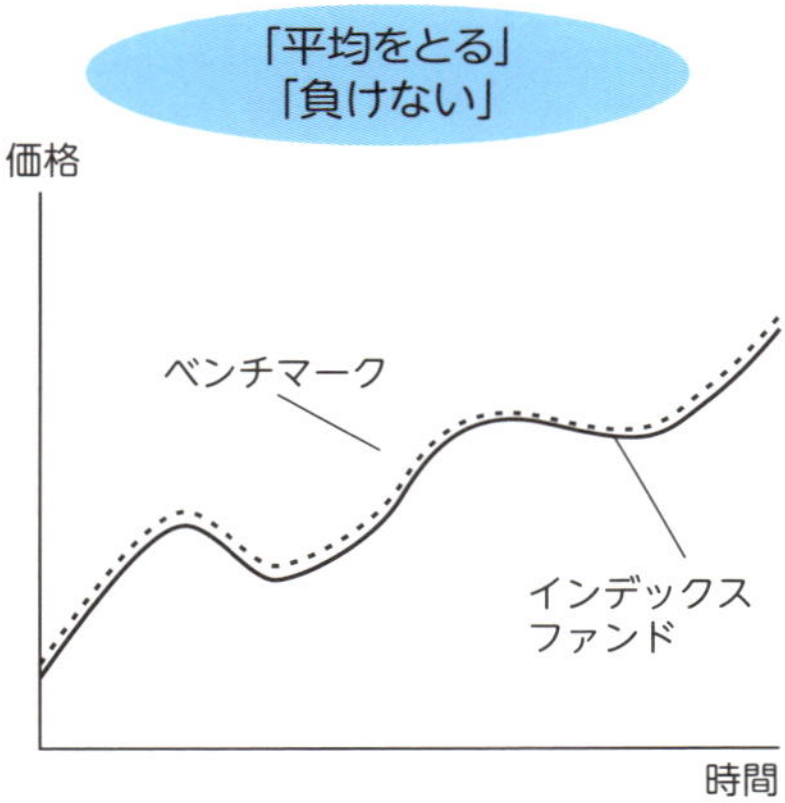

投資信託はおもに2つの運用方法があるんだ

	パッシブ運用	アクティブ運用
入っている銘柄	目標とする指数とほぼ同じ銘柄が入っている	運用会社が一定の投資哲学・プロセスにもとづいて、「ピックアップ」する
運用の狙い	目標とする指数と同じように動くことを目指す	目標とする指数にとらわれない運用を目指す
手数料	低い	高め

代表的なのはインデックスファンドの運用手法

おもにアクティブファンドの運用手法

1-7 つみたてNISA対象の指定インデックス投信の信託報酬率

分類		つみたてNISAで決まっている信託報酬率の上限（%、税抜）	つみたてNISA対象の公募投信の信託報酬率の平均（%、税抜）
株式型	国内	0.5	0.27
	海外	0.75	0.33
	内外	0.75	0.22
資産複合型 ＊1	国内	0.5	0.28
	海外	0.75	0.6
	内外	0.75	0.35

出典：金融庁「つみたてNISA対象の公募投信の信託報酬率（2019年5月7日時点）」より著者作成

＊1 バランス型のこと

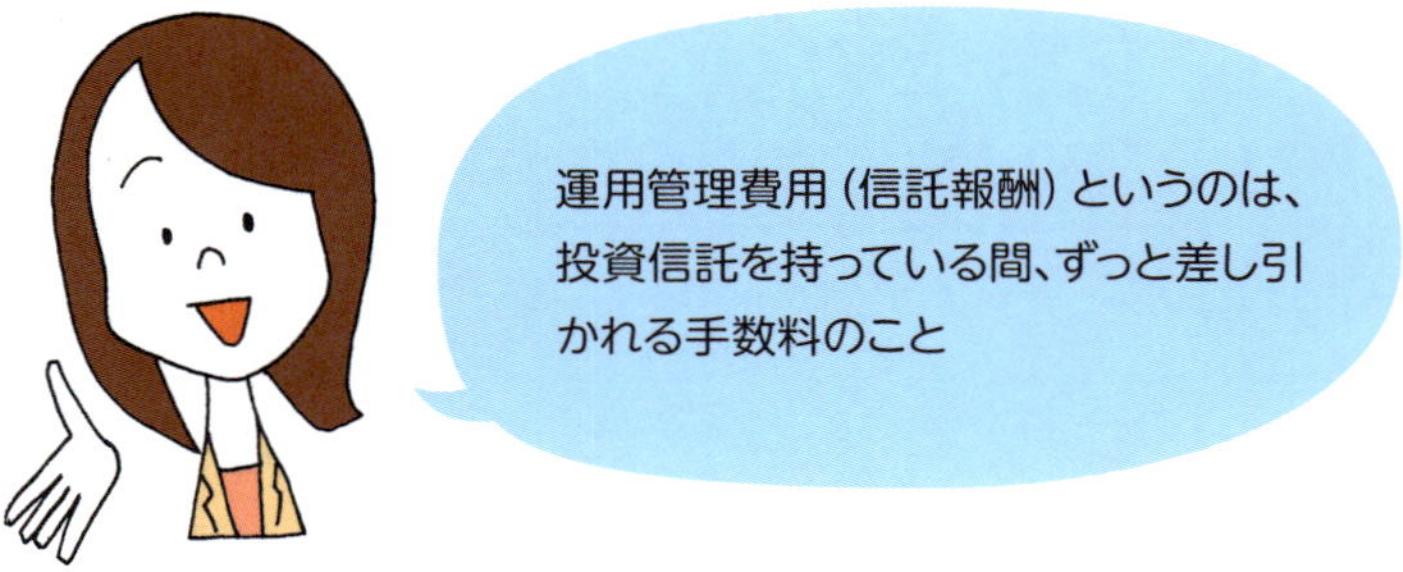
運用管理費用（信託報酬）というのは、投資信託を持っている間、ずっと差し引かれる手数料のこと

連動するインデックスファンドも含まれます）。

②については、次に挙げる手数料水準に加えて、①にはない「運用開始から5年以上経過していること」「純資産総額50億円以上」「運用開始から、資金が安定的に入ってきていること（設定来、資金流入超の回数が3分の2以上）」といった条件が加味されているため、対象はわずかです。

そして、**③ETF（上場投資信託）**も対象で、①と同様、指定された株価指数（インデックス）に連動している必要があります。

◆購入時手数料なしで運用管理費用（信託報酬）も安い！

対象となる株式投資信託はすべてノーロード（購入時手数料なし）です。そして、タイプごとに、保有中にかかる運用管理費用（信託報酬）には上限が決められています（＊）。

①指定する指数に連動するタイプの投資信託

・国内資産を対象とするもの↓0・5％以下

・海外資産または国内と海外の資産を対象とするもの↓0・75％以下

②指定する指数に連動するタイプの投資信託以外の投資信託

・国内資産を対象とするもの↓1％以下
・海外資産または国内と海外の資産を対象とするもの↓1・5％以下
この水準をクリアするだけでも、これまで一般に販売されてきた投資信託に比べると手数料は低いのですが、実際に金融庁に届出のあった投信は上限をさらに下回る水準になっています（図1―7）。

③ETF（上場投資信託）

・運用管理費用（信託報酬）0・25％（税抜）以下
・販売手数料1・25％以下
と決められています。

＊運用管理費用（信託報酬）は税抜の数値。投資信託に投資するタイプの投資信託（ファンド・オブ・ファンドという）は、投資先の投信の運用管理費用（信託報酬）を含む

◆具体的な商品名は金融庁のWEBページで公開

つみたてNISAの条件をクリアしていて、運用会社が金融庁に届出した商品について

は、金融庁のWEBページで公表されています。本書でも巻末に「対象商品一覧」を掲載しています。

そのほか、投信評価会社モーニングスターのWEBサイト「つみたてNISA総合ガイド」でも対象商品が掲載されています（http://nisa.morningstar.co.jp/）。

◆購入方法は「積み立て」に限定

投資信託を購入するには、自分でタイミングをみて投信を購入する方法と、購入する商品と金額を決めて、毎月一定の金額ずつ購入していく「積み立て」という方法の2つがあります。

「つみたて」NISAという名称のとおり、購入方法は「積み立て」に限定されます。例えば、ある商品を40万円でまとめて一括で購入するということはできません。ETFについてもタイミングをみて買うことはできず、積み立てでの購入になります。

つみたてNISAでは「一定額を」「定期的に」「継続的に」買っていくことになります。制度上、「定期的に」の規定はありません。

1-8 つみたてNISAの購入方法は決まっている

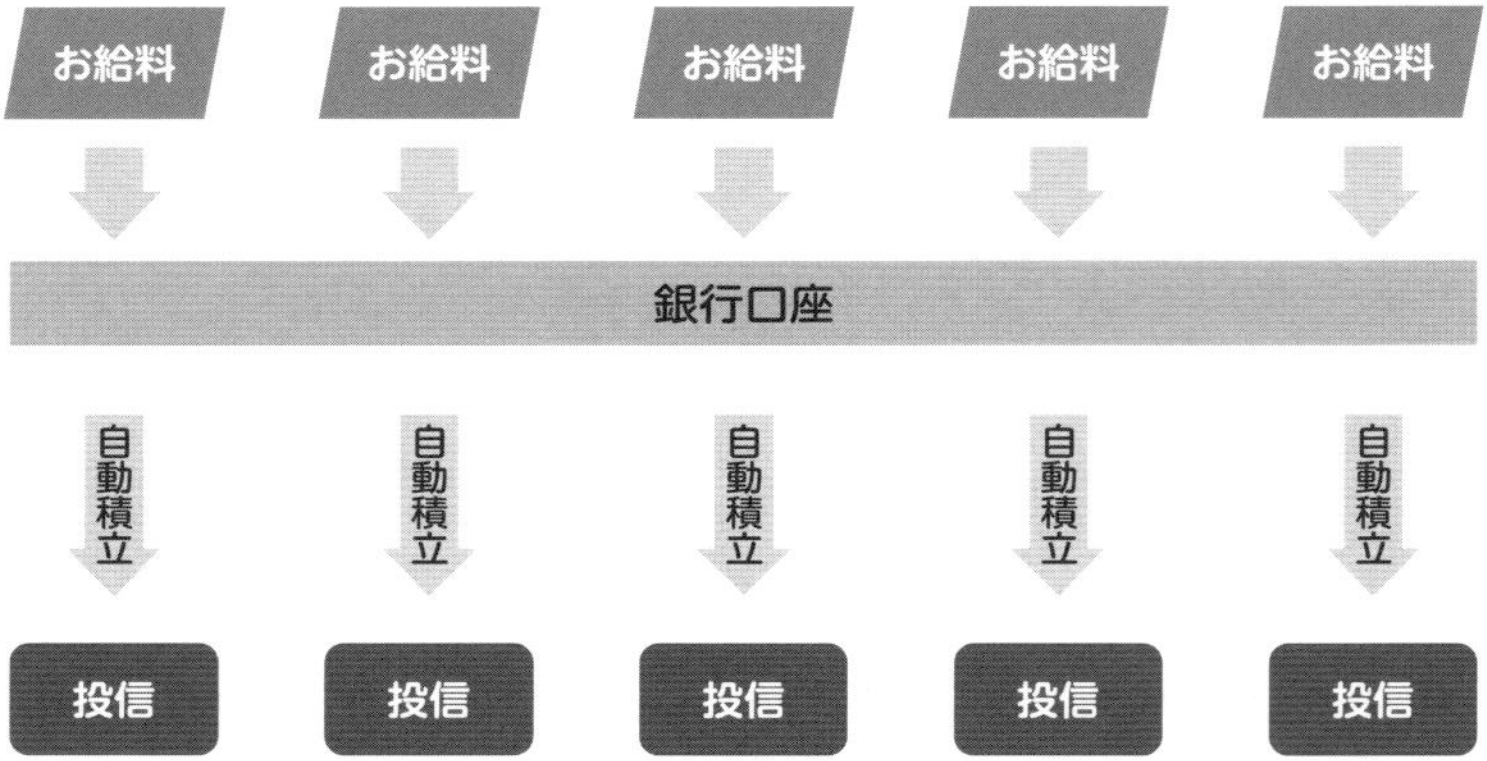

*ボーナス受給時に他の月より多い額を指定することも可能な金融機関もある
*証券会社の証券口座（預り金やMRF）からの積み立てもできる

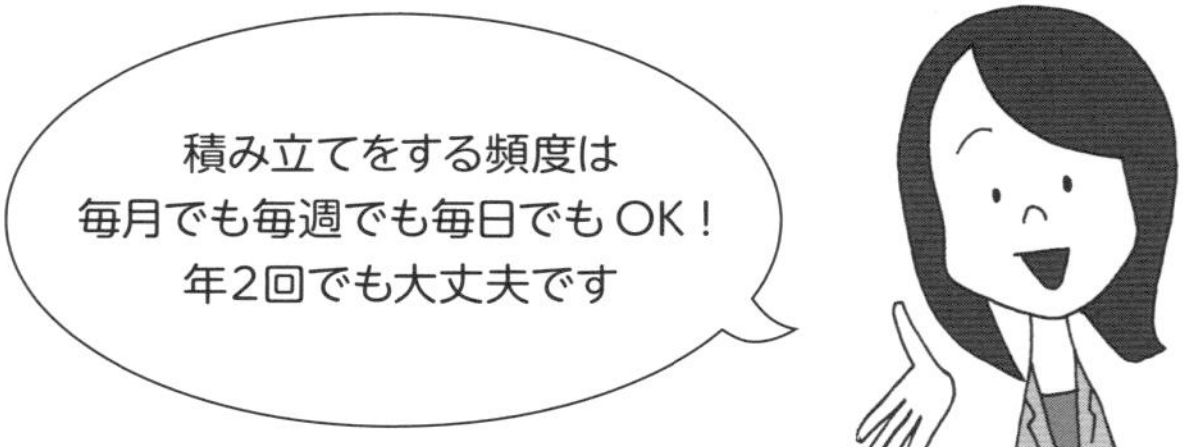

「毎月」一定額を購入していくケースが多いと思いますが、毎日でも、毎週でも、隔月でもOK。年2回ボーナス時のみということも可能です。また、毎月一定額を積み立てていき、ボーナス時に増額するという方法もあります。ただし、金融機関により設定できる頻度は異なります。

◆投資できる枠はいくらまで？

株式投資信託やETFを積み立てで買える限度額（非課税枠）は年間40万円までです。非課税期間は20年ですから、2018年から2037年まで、毎年上限額まで積み立て投資を行うと合計800万円まで投資することができます。もちろん、この40万円は「上限」なので、めいっぱい使う必要はありません。無理のない金額から始めればOKです。

また、投資枠の上限は決まっていますが、**最低積立金額についてはとくに決まっていません。そのため、金融機関によっては100円や500円、1000円といった少額から始めることも可能**です。

この40万円という枠についてはいくつか決まりごとがあります。

◆今保有している投資信託をつみたてNISAに移すことはできない（一般NISAと共通）

つみたてNISAで使える40万円という枠は、「新規」に対象となっている投資信託やETFを積み立てていくお金が対象となります。すでに証券会社や銀行の一般NISAの枠や、課税口座（特定口座・一般口座）で投信を保有している場合、その商品をつみたてNISAの枠に移すことはできません。

◆分配金を再投資する場合も「新規購入」として枠を消費したとみなされる（一般NISAと共通）

つみたてNISAの枠で、投資信託の積み立てを行い、分配金の再投資（累積投資）コースを選んで、分配金を再投資することは可能です。ただし、分配金の再投資を行う場合、「新規の買い付け」とみなされるので注意が必要です。投資枠を使ったというふうにみなされるため、非課税枠を消化します。

かりに40万円の枠をフルに使いきるように積立額の設定をしたようなケースでは、年の途中で分配金が再投資されて枠を消費してしまうと、例えば、12月には枠を超えてしまい投信の買い付けができない、などということも起こりえます。

なお、再投資した分配金がつみたてＮＩＳＡの枠ではなく、課税口座にはいる金融機関もあります。細かい対応については金融機関ごとに異なります（詳しくは第４章をご覧ください）。

◆投資枠に手数料は含まない（一般ＮＩＳＡと共通）

40万円の枠には手数料は含まれません。「つみたてＮＩＳＡ」の対象となっている投資信託はすべてノーロード（購入時手数料なし）なので関係ありませんが、ＥＴＦ（上場投信）については１・25％以下の売買委託手数料がかかります。その場合、投資枠の40万円に売買委託手数料は含まれない、ということです。

◆購入額が年間40万円に収まるように1回当たりの積立額を設定

1回当たりの積立額は、原則として「40万円を1年当たりの買付回数で割った金額」が上限となります。

例えば、毎月（年12回）積み立てをするなら、40万円÷12回＝3万3333円以内で、月々の積立金額を設定します。具体的には、金融機関で取り扱う商品の中から投資信託を選んで、「a投信を毎月3万円ずつ」というように積み立て契約を行います。年2回のボーナス時だけ買い付けるなら、1回当たりの上限額は40万円÷2＝20万円になります。

40万円は12で割り切れませんが、ボーナス時に増額することで枠をフルに使うこともできます。例えば、月々2万5000円で、年2回のボーナス時は5万円を増額する、つまり、その月の積立額を7万5000円にすると、年間40万円の投資枠をフルに使えます。

ただし、金融機関によっては毎月の積立金額の上限を設定していたり、ボーナス時の増額ができなかったりすることもあるので、あらかじめ確認をしておきましょう。

❖つみたてNISA内でできること、できないこと

◆積み立てる商品、金額を変更することはできる

積み立てる投資信託はひとつに絞ってもいいですし、2本とか3本というように複数の投資信託を積み立てていくこともできます。

積み立てていた投資信託を変更することもできます（図1－9の上）。例えば、当初、A投信を毎月積み立てていましたが、A投信の積み立てをやめて、新たにB投信を積み立てることも可能です。この場合、積み立ててきたA投信の資産についてはそのまま「つみたてNISA」内で、非課税で運用し続けることになります。あるいは解約してもOKです。

また、40万円の範囲内であれば、積立金額を年の途中で変更することも可能です（図1－9の下）。

◆いつでも解約できるが、一度売ると、その枠はもう使えない（一般NISAと共通）

つみたてNISAの枠で積み立ててきた株式投資信託やETFはいつでも自由に解約・

売却することができます。ただし、投信を解約したからといって、つみたてNISA内でそのお金を使ってほかの商品を買うことはできません（図1－10）。

例えば、「比較的リスクの高い株式投信を積み立ててきたが、これまでの分を解約して、少しリスクを抑えた投信を購入したい」というようなことはできません。あるいは「他にもっとよい商品がでてきた」という場合も、（前述のように、これまでのA投信を運用しつつ）新しいB投信を新たに積み立てることはできますが、いわゆる「預け替え（スイッチング）」はできません。

万一保有する投信が繰上償還《くりあげしょうかん》（＊）された場合でも、枠は復活しない点も注意が必要です。

＊当初決められていた運用期間よりも早く運用が終了してしまうこと

◆40万円の非課税枠を翌年に持ち越すことはできない（一般NISAと共通）

40万円というのは1月から12月までの1年間に使える枠です。

例えば、2018年に毎月2万円×12カ月＝24万円しか投資しなかったとしましょう。

1-9 つみたてNISAのイメージ

●途中で積み立てる商品を変更してもOK

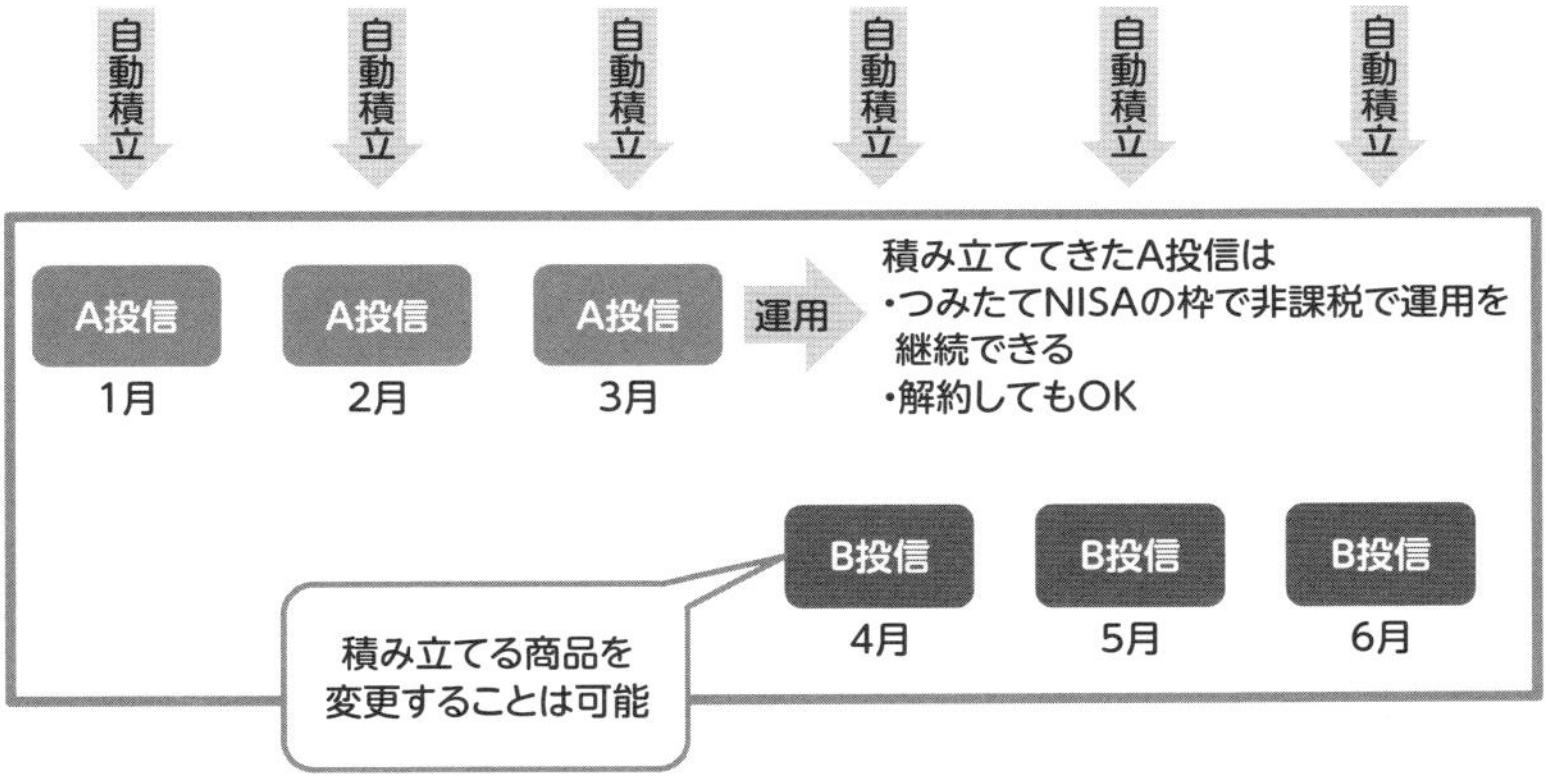

●途中で積み立てる金額を変更してもOK

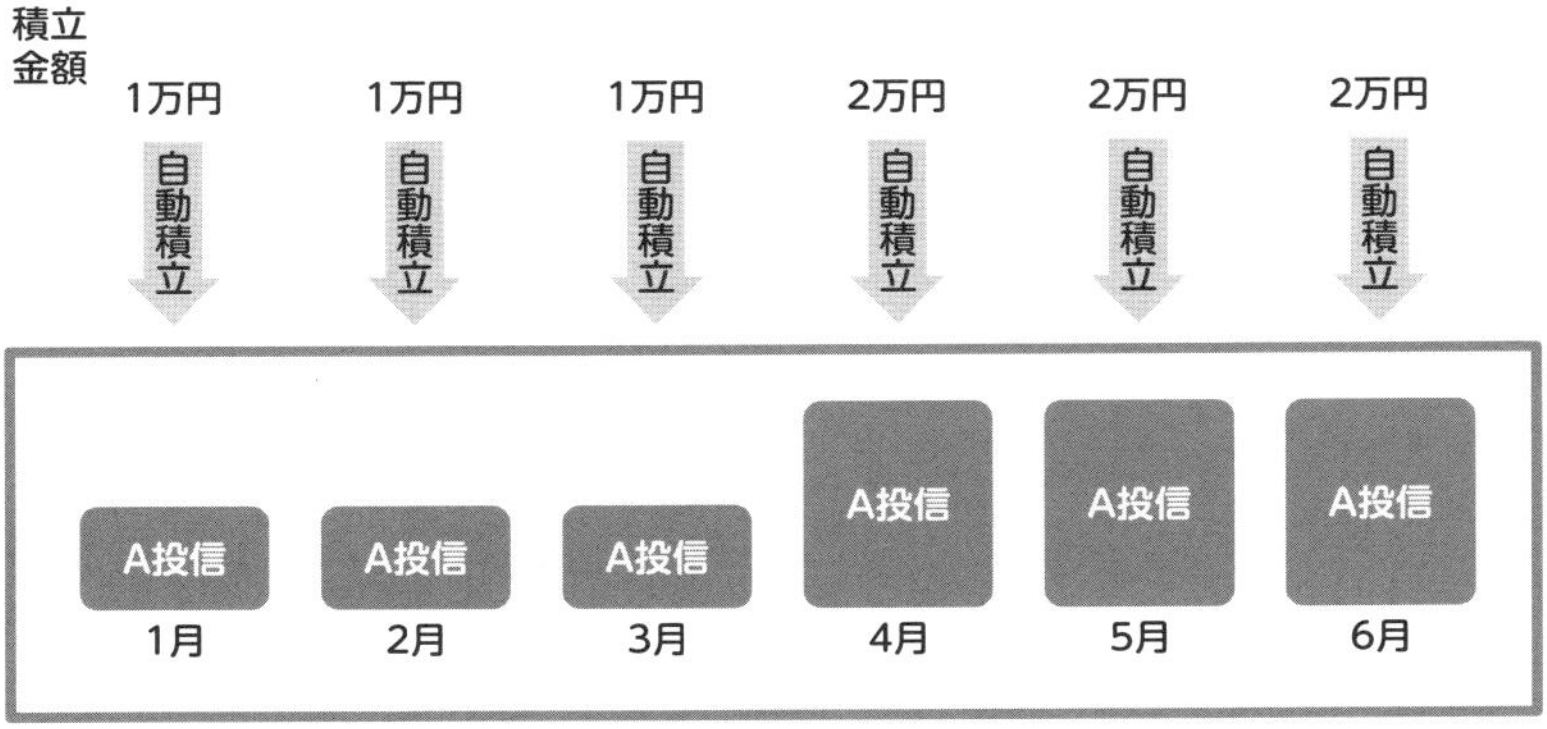

1-10 つみたてNISA内で、できないこと

●つみたてNISA内で商品の預け替え（スイッチング）は不可

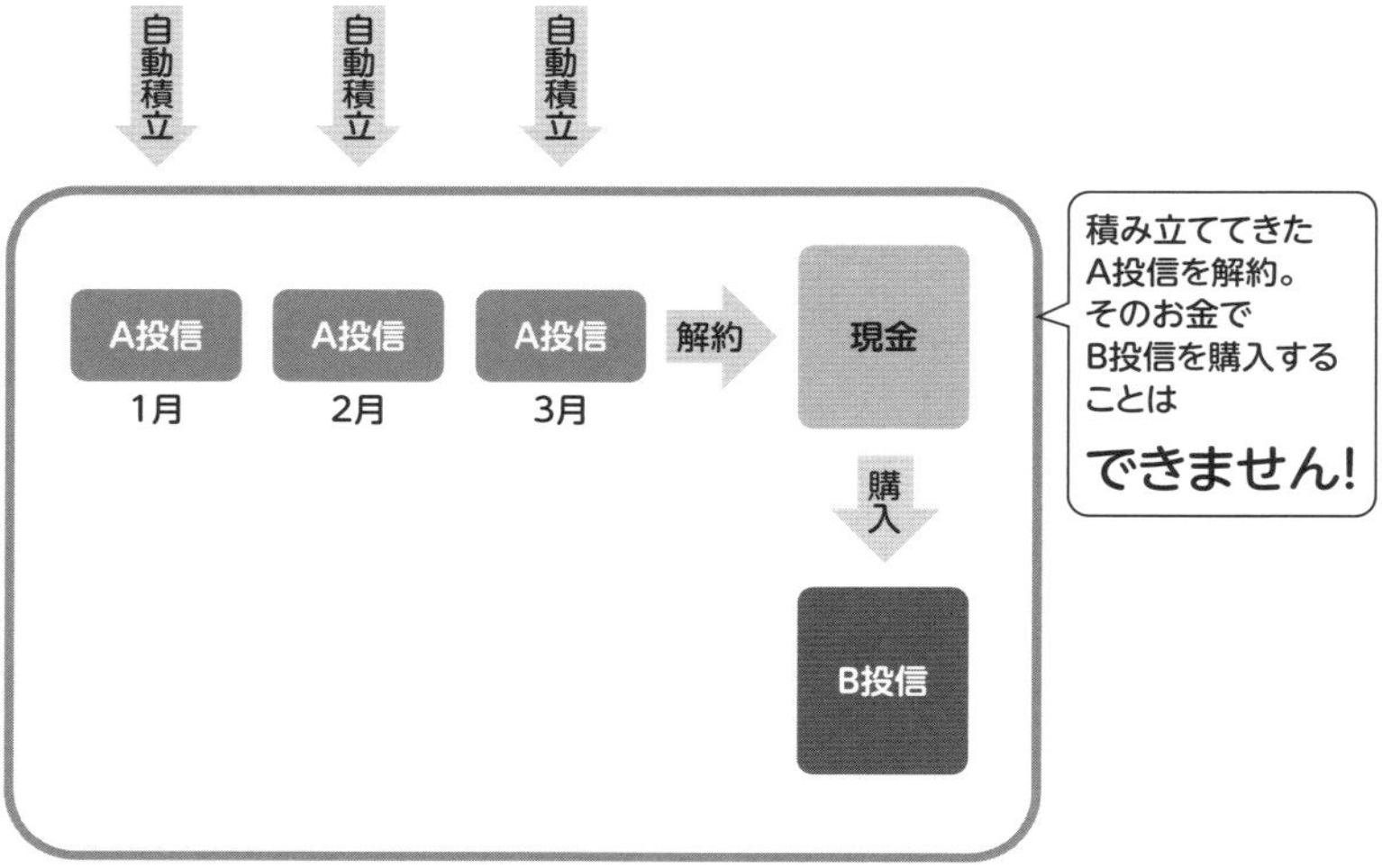

翌年に２０１８年に使い残した16万円と、２０１９年の枠40万円を合計した56万円の枠が使えるかといえば、それはできません。あくまでも1年間で使える枠が40万円ということなので、使い切らなかったからといって、翌年以降に繰り越すことはできないのです。

◆口座開設できる期間・非課税期間はともに20年

「つみたてＮＩＳＡ」の枠で、新規に投資信託を積み立てていけるのは、２０１８年から２０３７年までの20年です。

その間、毎年40万円の枠内で、投資信託を積み立てていくと、最長20年にわたって非課税の恩恵を受けられます。積み立ててきた投資信託を解約して利益がでていても税金はかかりませんし、その間に受け取った普通分配金に対しても税金はかかりません。

例えば、２０１８年に積み立てた投信は２０３７年末まで非課税で運用することができます。

現状の制度では20年目となる２０３７年が40万円の投資枠を使って積み立てしていける最後の年になります。

かりに2037年に投信を積み立てた場合、最長で2056年まで非課税で運用することができます。もちろん、20年間ずっと持ち続ける必要はなく、お金が必要になったときにはいつでも解約して現金化することができます。

現時点では、つみたてNISAにはロールオーバーの規定はありません（ロールオーバーについては第2章74ページを参照）。

では、投信を積み立てていき、非課税期間である20年が経過したらどうなるでしょうか。その場合は通常の課税口座（特定口座）に時価で払い出されます。もし値上がりしていたら、その間の値上がり分については課税されません。

あるいは、非課税期間終了前に課税口座に移管することも可能です。

1-11 つみたてNISAのイメージ

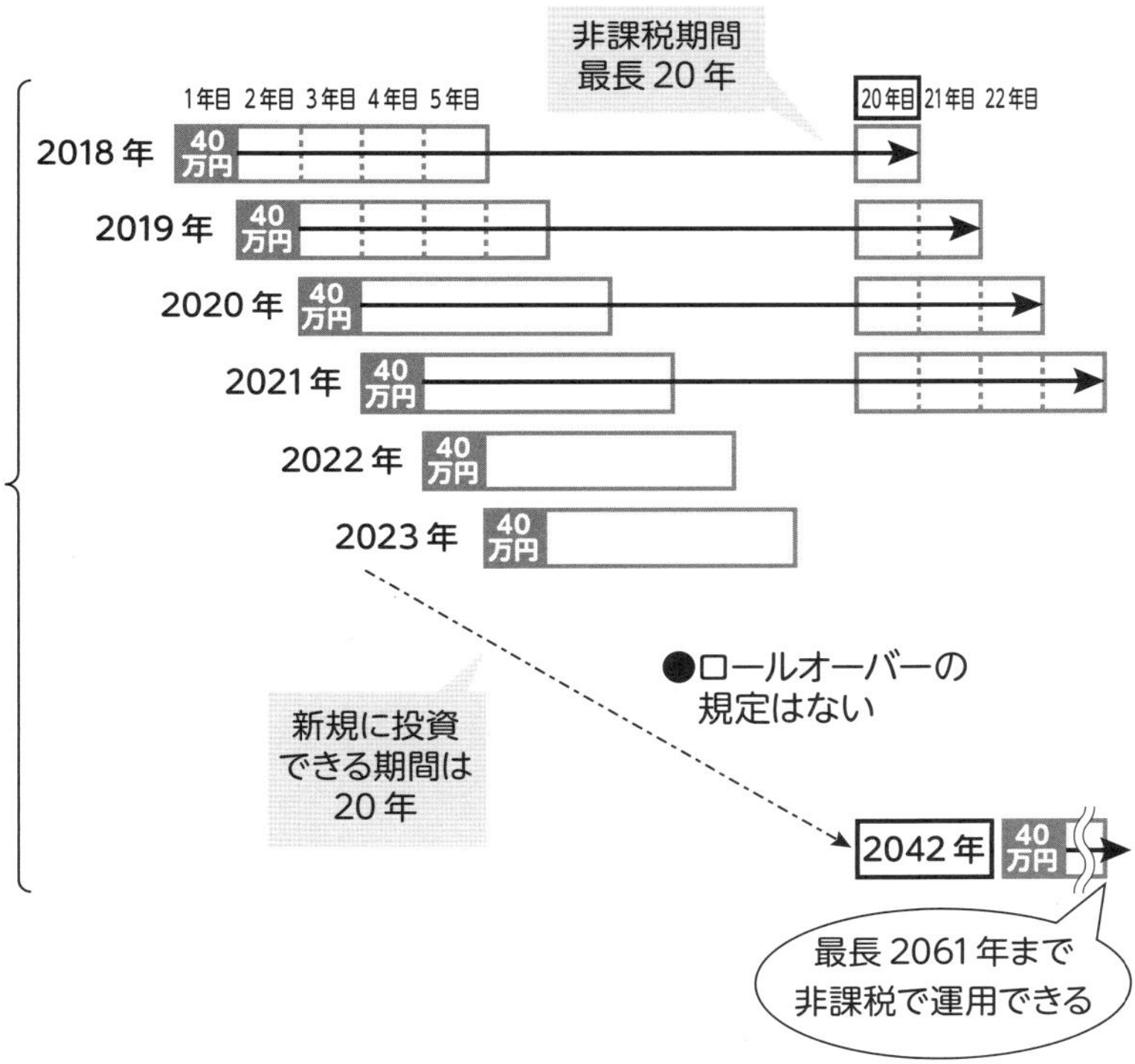

◆同じ商品を何年かにわたって買うと取得価額は合算して表示される

つみたてＮＩＳＡは毎月（または一定の間隔で）投資信託を積み立てていくことになります。積み立ての場合は、「つみたてＮＩＳＡで通算された平均取得価額」で表示される金融機関が多いようです。

例えば、同じA投信を何年にもわたって積み立てていったとします。その場合、1年目の平均取得価額、2年目の平均取得価額というふうに分けるのではなく、その人が積み立ててきた期間全体の平均取得価額が算出されて表示されます。一部、取得した年次ごとに平均取得価額を表示する金融機関もあります。

◆ほかの口座と損益通算できない（一般ＮＩＳＡと共通）

つみたてＮＩＳＡ、一般ＮＩＳＡとも、解約したときに利益がでていれば非課税になりますが、逆に損したときには、他の課税口座（特定口座や一般口座）と損益を相殺することができません。ＮＩＳＡ口座では利益がなかったとみなされる代わりに損もなかったとみなされてしまうからです。そのため、年間を通して投信や株式を売却したときに損が出ているときには、その損を確定申告することで3年間繰り越して、翌年以降の利益と相殺できる制度（上場株式等に係る譲渡損失の損益通算及び繰越控除）を利用することもできません。つまり、値上がりをして儲けが出ているときには「非課税」の恩恵を受けることができますが、**損をしたときは損益通算などのメリットは享受できない**ということになります。

◆ETFの分配金は証券口座で受け取らないと税金がかかる

ＥＴＦの分配金は次の３つの方法で受け取ることができます。

①ゆうちょ銀行等や郵便局に「収益分配金領収証」を持ちこんで受け取る方式
②指定した銀行口座で受け取る方式
③証券会社の取引口座で受け取る方式

このうち、つみたてＮＩＳＡの枠で分配金を非課税で再投資できるのは、「③証券会社の取引口座で受け取る方式（株式数比例配分方式といいます）」を選んだ場合だけです。せっかくつみたてＮＩＳＡ枠でＥＴＦを積み立てても、①や②を選んでいる場合には分配金などは非課税にはならず、20％課税されます（※1）。

①や②の受取方法を選択している場合には、権利確定日（※2）までに、配当の受取方

法を証券口座に入金される株式数比例配分方式に変更しましょう（図1－12）。

1つの証券会社で手続きをとると、同じ証券会社の課税口座や、他の証券会社で保有している株やETFについても同じ扱いになります。つまり、保有している株やETFの配当金は、すべて証券会社の取引口座で受け取る方式になります。

※1 ①②を選択したことで非課税とならなかった場合、確定申告を行うことで、総合課税を選択して配当控除の適用を受ける、あるいは特定口座・一般口座で保有する他の上場株式等の譲渡損失との損益通算や繰越控除をすることはできる。

※2 配当など、株主に権利が与えられることが確定する日のことで、会社ごとに決まっている

現在、一般NISAを利用している人が、つみたてNISAに変更するかどうか迷っている場合もあるでしょう。一般NISAを利用している人がつみたてNISAに変更する場合の注意点については第2章の90ページをご覧ください。

1-12 受け取り方次第で配当は課税されることも…

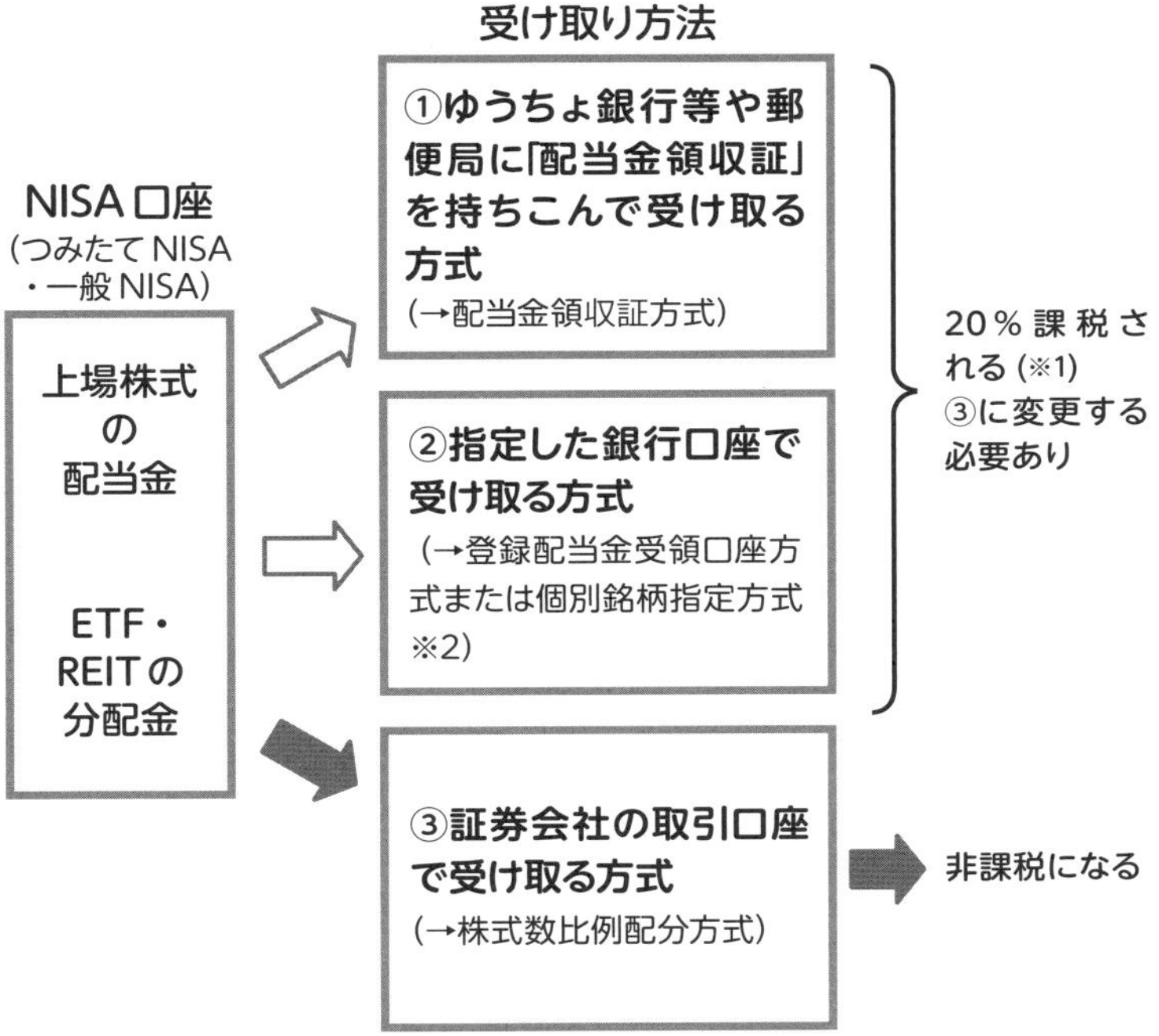

※1　2037年12月31日までは復興特別所得税の対象となるため、20.315％の税率となる

※2　登録配当金受領口座方式は所有するすべての銘柄の配当金を1つの銀行口座で受け取る方法、個別銘柄指定方式は所有する銘柄ごとに銀行口座を指定する方法

コラム　投資信託ってなに？

投資信託というのは私たち投資家からお金を少しずつ集めてひとまとまりにし、そのお金を運用の専門家が運用してくれるという金融商品です。個人の場合、投資に充てる金額や費やせる時間には限りがあります。けれど、1人ひとりが出すお金はそれほど多くなくても、まとまって数十億円、数百億円単位になれば、個人ではアクセスしにくい地域や国に投資したり、たくさんの株式や債券などに投資したりすることができます。つまり、専門家が目利きをして、投信という「器」に株式や債券などを入れるお弁当のような「詰め合わせ（パッケージ）商品」なのです。たくさんの株式などが入った詰め合わせですが、一般に1万円から購入できます。そして、運用成果に応じて、価格が上がったり、下がったりします。

投資信託は運用のプロがある投資理念・運用スタイルにもとづいて「こういう詰め合わせをつくろう」という判断をします。そして、たくさんの株や債券などを組み入れて「投資信託」という商品をつくって提供します。投資信託は略して「投信《とうしん》」、あるいはファンドと呼ばれることもあります。

＊投資信託は中身によって、性格が変わる！

ひと口に投資信託といっても、その中身は多岐にわたります。たとえば、トヨタ自動車やコマツといった日本企業の株だけが入った詰め合わせもあれば、アップルやマイクロソフト、ネスレといった海外の先進国の企業の株だけが入った商品もあります。株だけでなく、債券や不動産など、投信という「器」に何が入っているかは商品によって異なります。そのため、個々の商品によって特徴や性格も大きく違うため、その中身をきちんと調べて、理解することがとても大切です。

＊運用スタイルは「パッシブ」と「アクティブ」の2つがある！

パッシブ（消極的）運用というのは、簡単にいうと、既存の指数（インデックス）とそっくりに株や債券を買う運用手法のことです。たとえば、日本株の場合、日経平均株価や TOPIX（東証株価指数）などの指数と同じように動くことをめざす「インデックスファンド」が代表的な商品になります。

インデックスファンドにはたくさんの会社の株や債券が入っています。たとえば、日本株の TOPIX に連動するインデックスファンドなら、東京証券取引所第一部に上場している、約 2000 社の株が入った詰め合わせになります。たくさんの会社が入っている分、1つひとつの会社の割合は小さくなります。

一方、アクティブファンドは運用担当者が何らかの「基準」で、入れたい会社だけを抜き出して箱に入れたものです。たとえば、厳選した 30 社だけを入れたものもあれば、200 近い会社が入ったものもあります。基本的な考え方（理念）、会社をピックアップするためのプロセスなどは商品によって明確に決まっています。そして、会社を購入するタイミングや、売るタイミングなども運用担当者が決めているのです。会社選びに手間がかかる分、手数料はインデックスファンドに比べて高い設定になっています。

〈ご参考〉投資信託について詳しく知りたい方は以下をご参照ください。
『改訂版 一番やさしい！一番くわしい！ はじめての「投資信託」入門』（竹川美奈子著、ダイヤモンド社）

第2章

改めて「一般NISA」ってどんな制度?

2014年からすでにスタートしている一般NISAを詳しく説明！

第2章では、2014年からスタートしている一般NISA（少額投資非課税制度）のしくみとメリット・留意点を解説していきます。

一般NISAは、2014年1月から2023年まで、NISA口座を開設し、一般NISAの投資枠である年間120万円（＊）の範囲で上場している株や投資信託（公社債投信を除く）などを購入すると、その間に受け取る配当や分配金、売却したときの利益に対して税金がかからない（非課税になる）という制度です。非課税になる期間は投資した年を含めて最長5年間です。

＊2014年、15年は年間100万円

図2－1に一般NISAの概要をまとめました。1つひとつ、具体的にみていきましょう。

2-1 一般 NISA の概要

口座開設できる人	日本国内に住む 20 歳以上の人[注1]
対象となる商品	上場株式（外国株式、ETF、REIT 含む）、公募株式投信、外国籍株式投信等
非課税対象	配当や普通分配金、譲渡益
新規に投資できる期間	10 年間（2014 年から 2023 年）[注2]
非課税期間	最長 5 年間
非課税投資額	毎年、120 万円まで（新規資金のみ。翌年以降に繰り越し不可）
収益分配金等の再投資	年間拠出額に算入
累積投資残高の上限	600 万円
途中売却	いつでもできる（枠の再利用不可）

注 1　1 月 1 日時点。2023 年からは 18 歳以上
注 2　2024 年から 2028 年まで新 NISA に衣替えして延長される

◆どんな人が利用できる？（つみたてＮＩＳＡと共通）

つみたてＮＩＳＡと同様、日本国内に住んでいて、20歳以上の人であれば、だれでもＮＩＳＡ口座を開設することができます。

◆どんな金融商品が対象になるの？

一般ＮＩＳＡは幅広い投資商品から選択することができます（図２－２）。具体的には、上場株式、外国上場株式、株式投資信託、外国籍株式投資信託、国内ＥＴＦ（上場投資信託）、海外ＥＴＦ、ＲＥＩＴ（上場不動産投資信託）などです。

こうした金融商品を一般ＮＩＳＡの投資枠で購入すると、投資信託の分配金や株式の配当金には税金がかかりませんし、株式や投資信託を売却したときに儲け（譲渡益）が出た場合も非課税になります。

投資信託のうち、対象は「株式」投資信託となっていますが、これは課税上の取り扱いが株式投資信託になっていればＯＫ（実際に株式に投資している投資信託でなくても株式

2-2 一般NISA口座で買える商品・買えない商品

買える

- 上場株式
- 外国上場株式
- 株式投資信託
- 外国籍株式投資信託
- ETF（上場投資信託）
- 海外ETF
- REIT（上場不動産投資信託）　など

買えない

- 預金
- 個人向け国債、社債、外国債券
- FX、信用取引　など

つみたてNISAに比べて買える商品は多いね

に投資できる設計になっていればよいということです）。そのため、債券に投資する投信やＲＥＩＴに投資する投信、株式や債券など複数の資産にまとめて投資しているバランス型投信なども含まれます。

つみたてＮＩＳＡと違い、一般に販売されている投資信託のうち98％程度は、一般ＮＩＳＡの対象です。つまり、**ほとんどの投資信託は、一般ＮＩＳＡの枠で購入することができます。**

一方、預金や債券（個人向け国債や社債、米国債など）、株式には一切投資できない公社債投資信託、例えば、ＭＲＦ（マネー・リザーブ・ファンド）などは対象外です。また、ＦＸ（外国為替証拠金取引）や金、プラチナなどもＮＧです。

制度上は前ページの図２－２の「買える」で挙げた金融商品はすべて一般ＮＩＳＡの枠で購入することは可能ですが、実際にどこまでの商品をＮＩＳＡ口座の対象とするかは各金融機関の判断にゆだねられています。

❖いくらまで投資できる？

一般NISAの枠で、上場株式や株式投資信託などを購入できる限度額（非課税枠）は、年間120万円までです。購入額は年間120万円までと上限がありますが、あとはいくら儲けても（100万円でも1000万円でも）税金を取られることはなく非課税になります。

ただしこの枠についてはいくつか条件があります。

- **特定口座等で保有している株式投信や株式を一般NISAの枠に移すことはできない**
- **年間の投資枠（一般NISAは120万円）を翌年に持ち越すことはできない**
- **年間の投資枠（同120万円）に手数料は含まれない**

という点はつみたてNISAと同じです。それ以外についてみていきましょう。

◆株式やETFの購入額は年120万円に収まるように買う必要がある

非課税の恩恵を受けるには年間120万円の枠内で、株式投資信託や株式などを購入することになります。

投資信託は購入するときには一般に「A投信を○万円分購入する」といった金額での指定ができるので、120万円の枠をめいっぱい利用することも可能です。

一方、上場株式や国内ETF（上場投資信託）を購入する場合には「株価」と「単元株数（取引の基準単位）」を掛けた金額が最低購入金額になります。そのため、株価や単元株数によっては、120万円の枠をうまく使いきることができない可能性もあります。また中には最低購入金額が120万円を超えてしまう会社の株もあります。そうした会社の株は一般NISAの枠を超えてしまうので購入することができません（図2－3）。

例えば、ある会社の株価が1万9000円で、単元株数が100株だとします。この場合、1万9000円と100株を掛けた190万円が最低購入金額ですから、120万円の枠をオーバーしてしまい、NGです。1株単位で取引できて、株価が120万円を超え

2-3 購入額120万円を超える場合は一般NISAの枠に入れられない！

× 一般NISAの枠で購入できない株式の例

（株価）　（単元株数）　（最低購入金額）

ユニクロ（ファーストリテイリング）の場合

4万4600円 × 100株 ＝ 446万円

任天堂の場合

4万3030円 × 100株 ＝ 430万3000円

ニトリホールディングスの場合

1万7280円 × 100株 ＝ 172万8000円

株価はすべて2017年12月15日時点

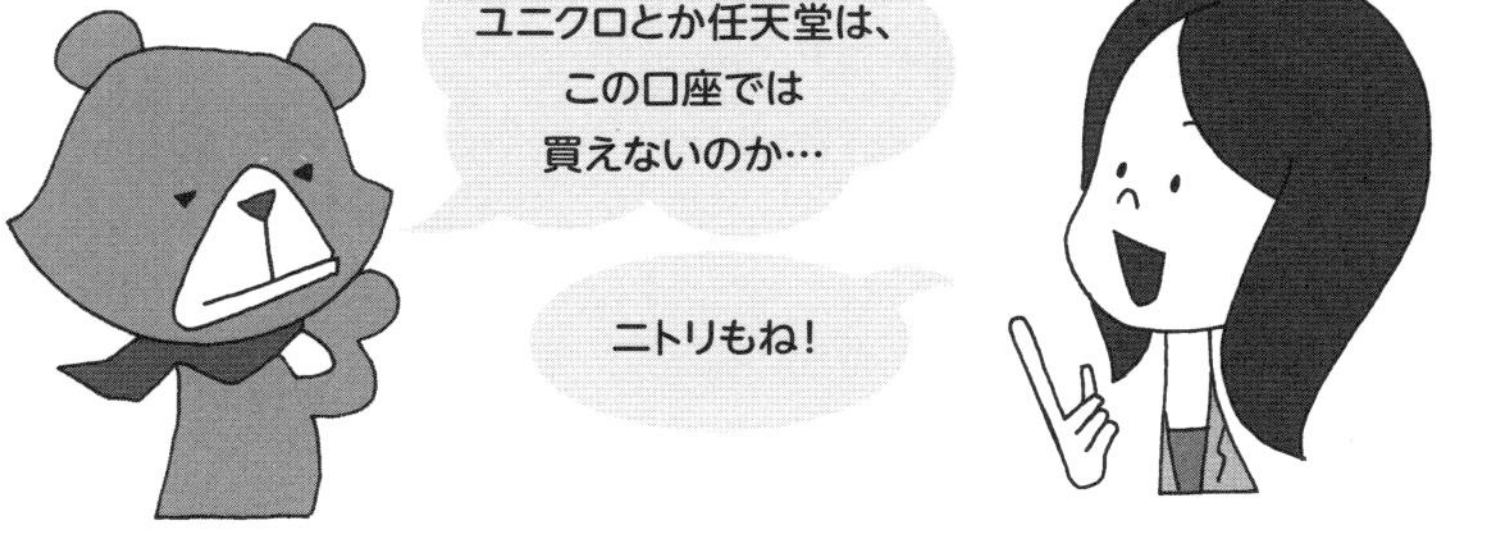
ユニクロとか任天堂は、
この口座では
買えないのか…
ニトリもね！

ているような場合も一般ＮＩＳＡの枠では購入できません（一部、金額指定で株式を購入できる証券会社もあります）。

さらに、外国株式など、外貨で取引を行う金融商品については為替も関係します。たとえば、米国株（米国市場に上場するＥＴＦを含む）は米ドルで取引をするので、外貨での購入代金を購入時の為替レートで円換算して、１２０万円の枠におさまるかどうかで判断します。例えば、株価が54ドルのときに米国ＥＴＦを最低口数の10口購入、そのときの為替レートが1ドル＝１０２円だったとします。すると、最低購入金額は「5万５０８０円」となります。この場合、２１０口（＝１１５万６６８０円）まで購入することができます（いつの時点の為替レートを適用するかといった細かい点は、各金融機関にお問い合わせください。また、一部円で取引できる金融機関もあります）。

◆一括購入でもコツコツ積み立てでも利用できる！

つみたてＮＩＳＡと違い、一般ＮＩＳＡは購入方法についての制約はありません。例えば、一回にまとまった金額を投資してもいいですし、20万円、30万円という具合に、何回かに分けて購入していってもOKです。また、毎月一定額ずつ投信などを自動的に購入していく積み立て方式での購入も可能です。120万円の枠であれば、月々10万円まで積み立てを行うことができます。

◆新規に投資できるのは2023年まで、非課税期間は5年。その後は未定

一般NISAの枠で新規に投資ができるのは、2014年から2023年までの10年です。

この間、毎年120万円の枠内で株式や株式投信などに投資すると、最長5年は非課税の恩恵を受けられます。株や投信などを売って利益が出ても税金はかかりませんし、その間に受けとった配当や分配金に対しても税金はかかりません。

現状の制度では、10年目となる2023年が新規に投資できる最後の年になります。2023年から最長5年間は非課税で運用できますので、2027年まで非課税で運用を行うことができます（図2－4）。

2-4 新規に投資できるのは2023年まで

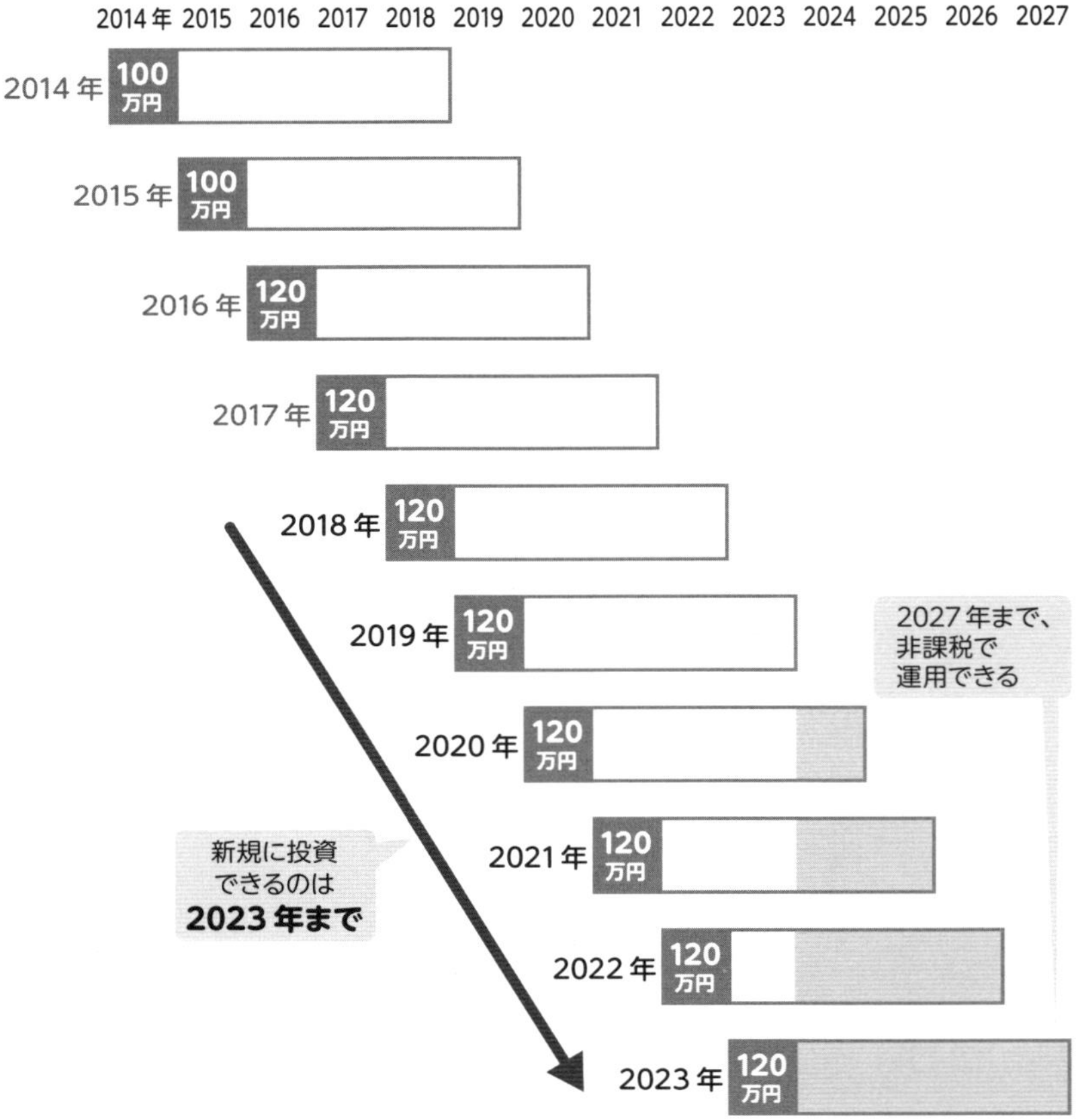
2014年 2015 2016 2017 2018 2019 2020 2021 2022 2023 2024 2025 2026 2027
2014年 100万円
2015年 100万円
2016年 120万円
2017年 120万円
2018年 120万円
2019年 120万円
2020年 120万円
2021年 120万円
2022年 120万円
2023年 120万円
2027年まで、非課税で運用できる
新規に投資できるのは
2023年まで

◆「120万円まで投資できる枠」を5個まで持てる

口座を開設できる期間が10年あって、毎年120万円まで投資できるのなら、トータルで1200万円まで非課税の枠が使えそうですが、累積投資額の上限は「600万円」までです。なぜかといえば、非課税の恩恵が受けられる期間が「最長5年」までだからです。口座を開設できる期間（10年）と、非課税期間（5年）が異なるので、ちょっとわかりにくいかもしれませんね。まずはこういうふうにイメージしてみてください。

- 「120万円まで投資できる枠（＝一般NISA）」を毎年1つずつ、つくっていく
- 「120万円まで投資できる枠」は最大「5つ」まで持てる

73ページの図2−5を使ってご説明しましょう。たとえば、2018年に「120万円まで投資できる一般NISAの枠」をつくったとしましょう。同じように、毎年1つずつ、2019年、2020年、2021年、2022年というように一般NISAで利用できる枠をつくっていきます。

それぞれ上限額の120万円を投資したとすると、2022年時点で投資したお金はトータルで600万円になります。

さらに、2023年の枠を使うと、非課税枠は720万円まで広がりそうですが、そうはなりません。というのも、5年の非課税期間が終わるとNISAの枠は消滅してしまうからです。

例えば、2018年の枠は非課税期間が終了する2022年末で消滅します。ですから、2023年の枠を利用するときに存在するのは、2019年、20年、21年、22年と、23年にそれぞれ開設した5つの枠です。つまり、「120万円まで投資できる一般NISAの枠」は同時に5つまでしか存在しないため、累積投資額の上限は600万円になります。

2-5 5年分合わせて最大600万円まで投資できる！

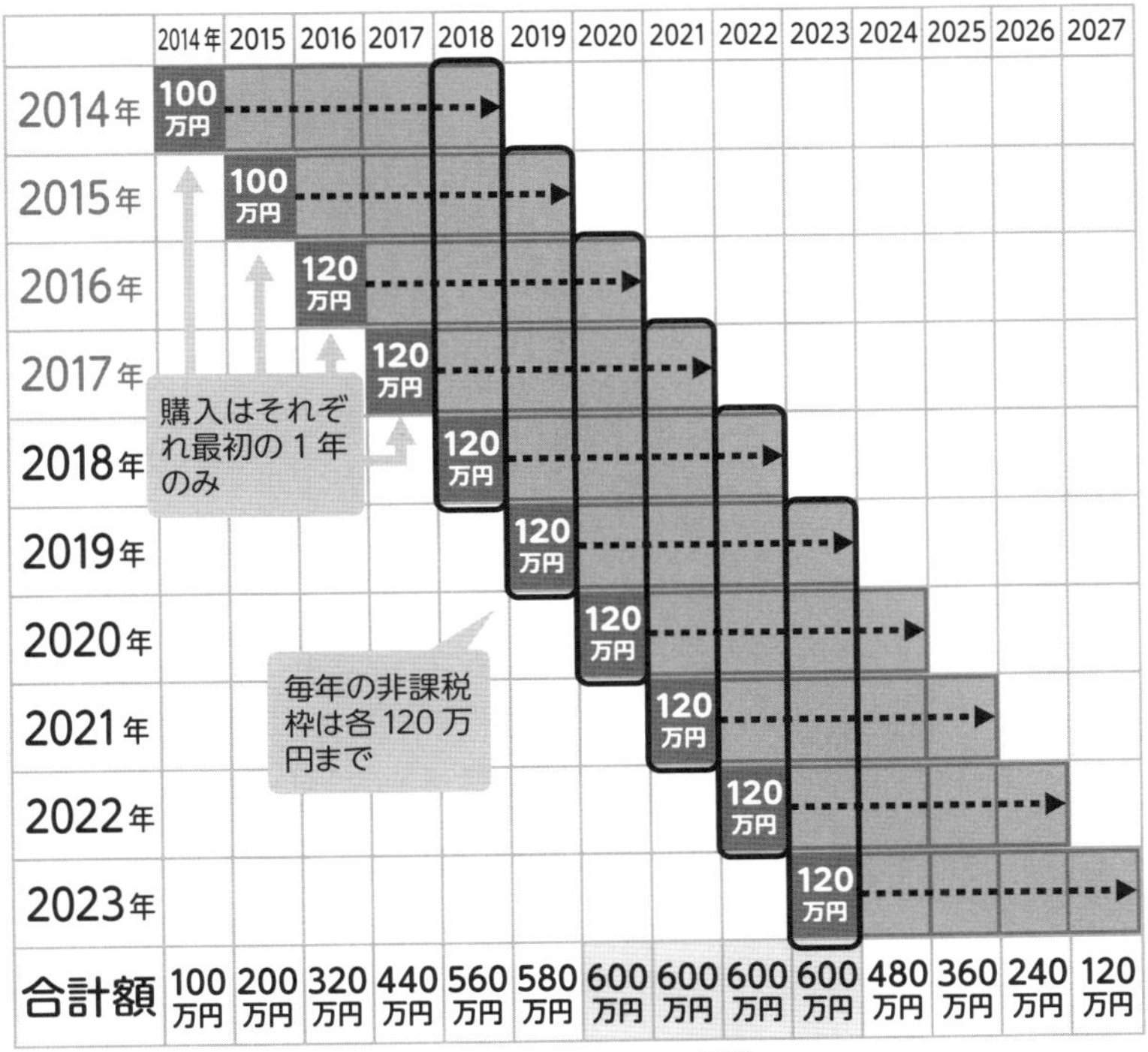

	2014年	2015	2016	2017	2018	2019	2020	2021	2022	2023	2024	2025	2026	2027
2014年	100万円	→	→	→	→									
2015年		100万円	→	→	→	→								
2016年			120万円	→	→	→	→							
2017年				120万円	→	→	→	→						
2018年					120万円	→	→	→	→					
2019年						120万円	→	→	→	→				
2020年							120万円	→	→	→	→			
2021年								120万円	→	→	→	→		
2022年									120万円	→	→	→	→	
2023年										120万円	→	→	→	→
合計額	100万円	200万円	320万円	440万円	560万円	580万円	600万円	600万円	600万円	600万円	480万円	360万円	240万円	120万円

購入はそれぞれ最初の1年のみ

最大で600万円の非課税枠が使える!

◆非課税期間5年が終了したらどうなる？

では、非課税期間の途中で株や投信などを解約・売却せずに、5年後に一般NISAの枠がなくなってしまったら、どうなるのでしょうか。株式や投信などはそのまま継続して保有することはできるのでしょうか。

答えは、YESです。その場合、次の2つの選択肢があります（図2－6）。

①新たに開始する一般NISAの枠（非課税口座）に移す（ロールオーバーといいます）
②通常の課税口座（特定口座・一般口座）に移管する（*）

あるいは、その前に売却してもOKです。

例えば、2014年に投資をして、そのまま2018年12月末を迎えると、2014年スタートの非課税枠は消失します。

*何も指示しないと、自動的に課税口座（特定口座）に移るしくみになっている

2-6 5年経過後の選択肢は2つ

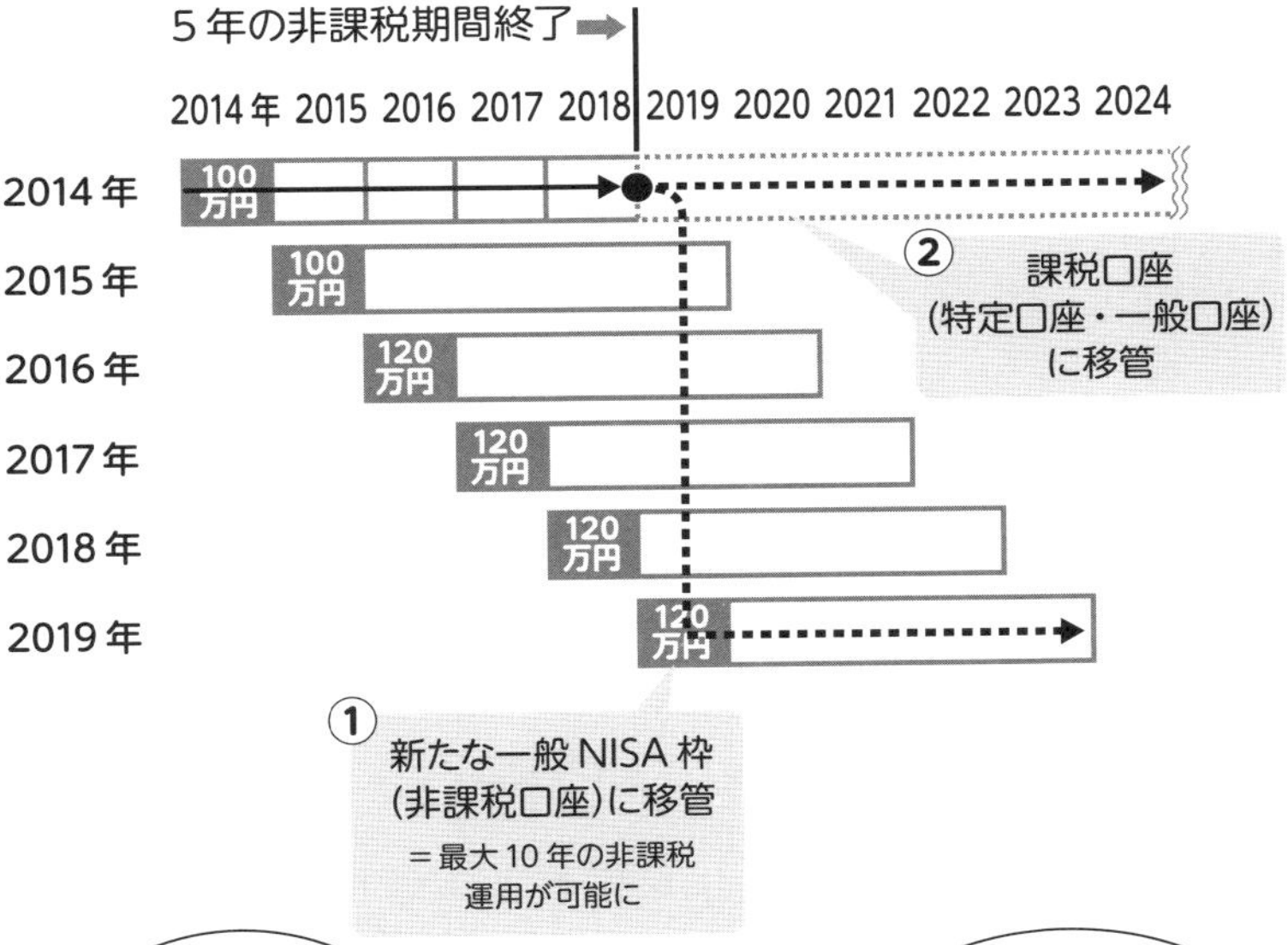
5年の非課税期間終了
2014年 2015 2016 2017 2018 2019 2020 2021 2022 2023 2024
2014年
2015年
2016年
2017年
2018年
2019年
100万円
100万円
120万円
120万円
120万円
120万円
②
課税口座
(特定口座・一般口座)
に移管
①
新たな一般NISA枠
(非課税口座)に移管
＝最大10年の非課税
運用が可能に

非課税期間終了時に
120万円を超えて
値上がりしていても、
新たな一般NISAに
すべてロールオーバー
できるようになりました
新たな一般NISA枠に
みーんな移せる
ってイイね！

①新たな一般ＮＩＳＡ枠に移管（ロールオーバーという）を選択した場合には、２０１４年に一般ＮＩＳＡの枠で購入した株や投信などを、２０１９年の一般ＮＩＳＡの枠に移すことになります。一方、何も指示をしないと、２０１４年に一般ＮＩＳＡ枠で購入した株や投信などは②課税口座（特定口座）に移ります。

ただし、①新たな一般ＮＩＳＡの枠にロールオーバーするには２つ条件があります。

ひとつめは一般ＮＩＳＡを選択していることです。２０１８年から一般ＮＩＳＡ枠とつみたてＮＩＳＡ枠を１年ごとに選択することができるようになりましたが、例えば２０１４年に購入した金融商品を２０１９年の一般ＮＩＳＡ枠にロールオーバーするには２０１９年に一般ＮＩＳＡ枠を選ぶ必要があります。

逆に、２０１９年につみたてＮＩＳＡ枠を選択したら、一般ＮＩＳＡへのロールオーバーはできません（かりに２０１８年につみたてＮＩＳＡを選択していたら一般ＮＩＳＡに戻す必要があります）。

２つ目はロールオーバー先の金融機関が同じであることです。２０１５年から一定の手続きをとることで、1年単位で異なる金融機関にNISA口座を開設できるようになりました。しかし、一般NISAで購入した金融商品をそのまま他の金融機関の一般NISA枠に移すことはできません。

◆5年をはさんで「移管時の時価」が新たな取得価格になる

①新たな一般NISAの枠にロールオーバーする場合、②課税口座に移管する場合、両方とも移管するときの時価がそのあとの「取得価格」になります。つまり、非課税期間が終了する5年をはさんで、同じ商品を新たに買い直したものとして（実際には売って買うという行為は行いませんが）、そのときの値段が新たな「取得価格」になるというわけです。

それぞれ具体的なケースをみていきましょう。

◆一般NISAの枠にロールオーバーする場合

まず、新たな一般NISAの枠にロールオーバーする場合です。

値上がりしていた場合を考えてみます（図２－７の上）。例えば、２０１６年に１２０万円で投資を行い、２０２０年末に１４０万円になっていたとします。この場合、１４０万円すべてを２０２１年の新たな一般ＮＩＳＡの枠にロールオーバーすることができます。

これは制度改正によって、非課税期間５年が終了するときなら、１２０万円の枠を超えてどんなにふえていても、「青天井で」新たな一般ＮＩＳＡの枠にロールオーバーすることができるようになったためです（＊）。

＊一般ＮＩＳＡは制度上、非課税期間５年を経過する前でも、任意の時点で一般ＮＩＳＡ枠にロールオーバーすることも可能だが、その場合は、ロールオーバー先の年の非課税枠１２０万円の範囲内でしかロールオーバーを行うことができないので注意

一方、１２０万円が１００万円に値下がりしていた場合はどうなるでしょうか（図２－７の下）。この場合には１００万円すべてを一般ＮＩＳＡの枠にロールオーバーすることができます。また上限額は１２０万円ですから、新たに20万円まで新規資金で追加投資をすることも可能です。

2-7 再度一般NISAの枠を利用する場合

●120万円を投資して値上がりしていた場合

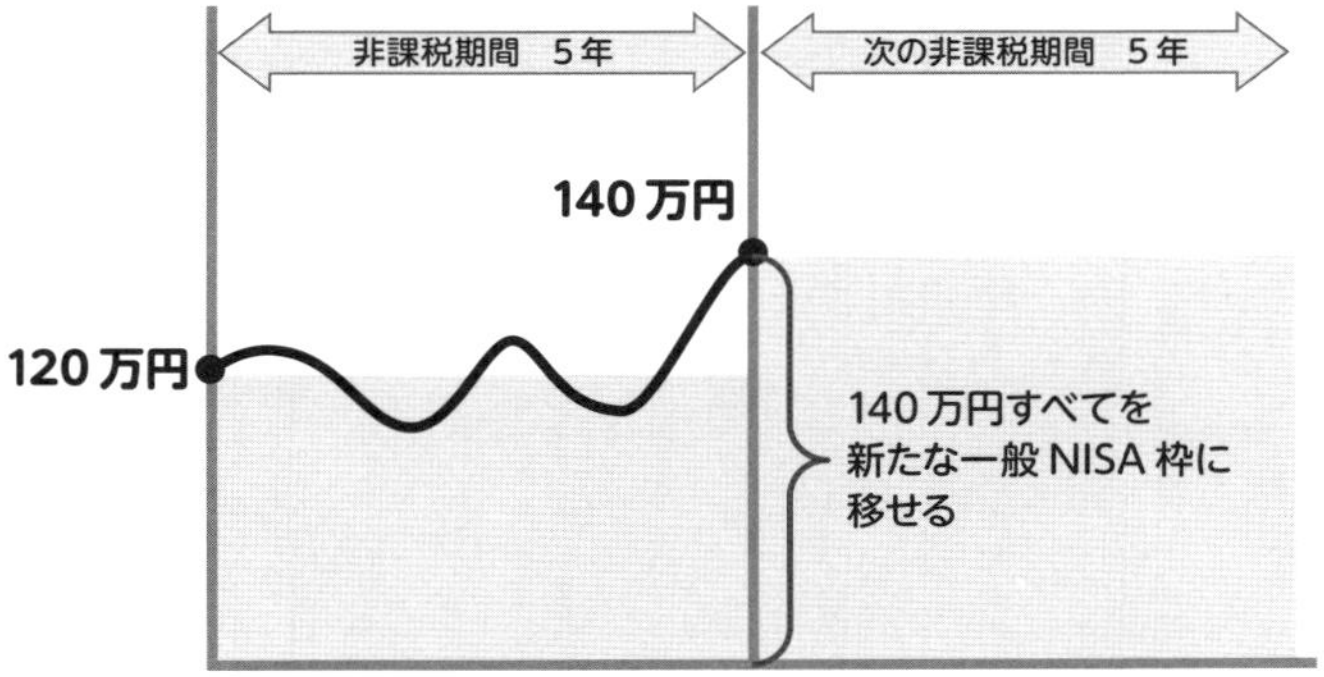

●120万円を投資して値下がりしていた場合

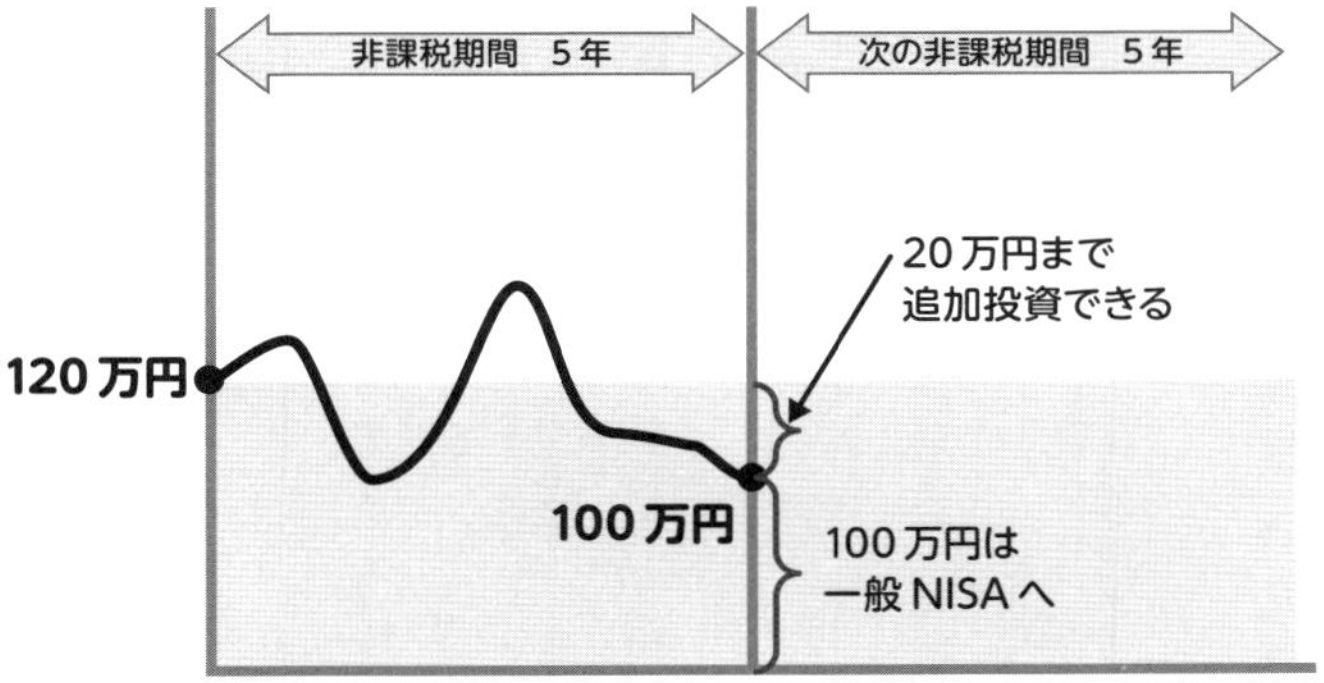

◆課税口座に移す場合

次に、5年経過後に、特定口座などの課税口座に時価で移す場合を考えてみましょう。

まず、上昇していた場合です（図2－8の上）。

投資した120万円が5年の非課税期間終了時に140万円になっていたとします。この場合には、課税口座に移管する際の取得価格は「140万円」になります。課税口座に移してから、さらに値上がりして170万円になった場合、取得価格は140万円なので、税金がかかるのは170万円から140万円を差し引いた30万円に対してです。したがって、税金は30万円×20％＝6万円になります（簡易に説明するため、復興特別所得税は考慮していません。以下同じです）。

また、課税口座に移したあとに、140万円より下がった場合には税金はかかりません。

次に、値下がりしていた場合で考えてみましょう（図2－8の下）。

例えば、投資した120万円が5年の非課税期間終了時に100万円になっていたとします。この場合には、課税口座に移管する際の取得価格は「100万円」になります。課税口座に移してから、値上がりして160万円になった場合、取得価格は100万円です

2-8 課税口座に移す場合

●120万円を投資して値上がりしていた場合

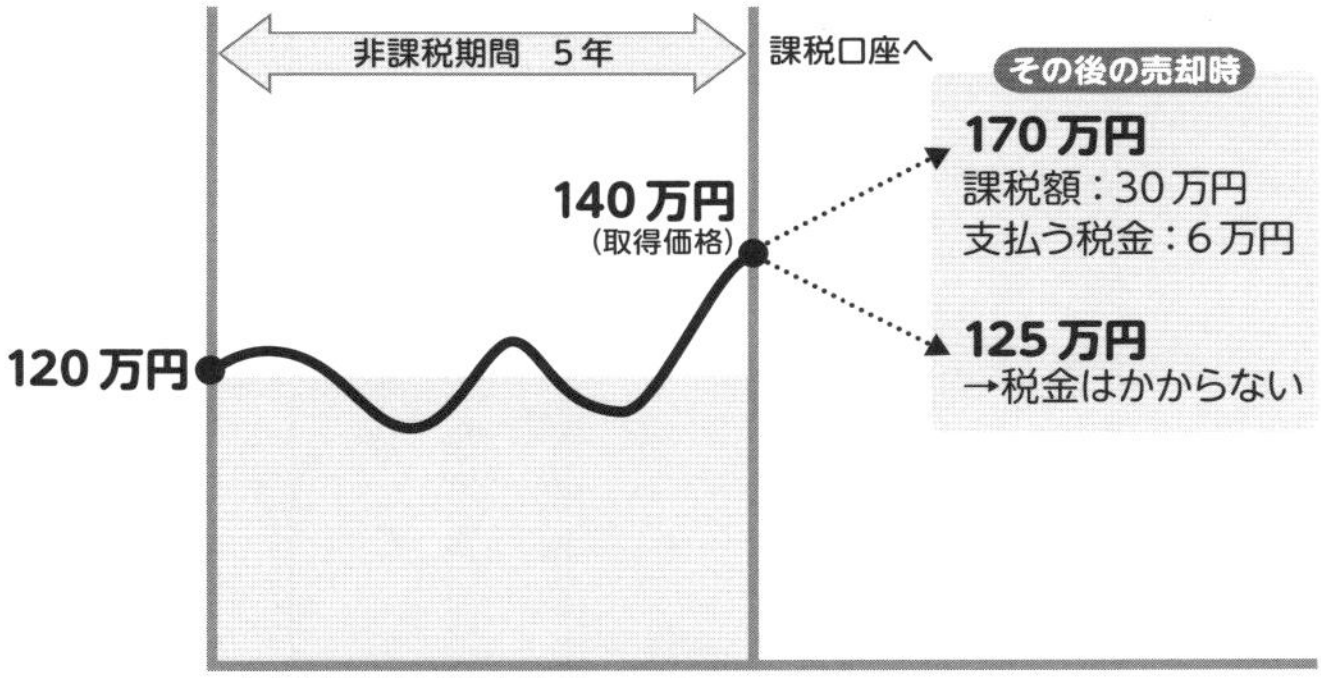

※復興特別所得税は考慮していない

●120万円を投資して値下がりしていた場合

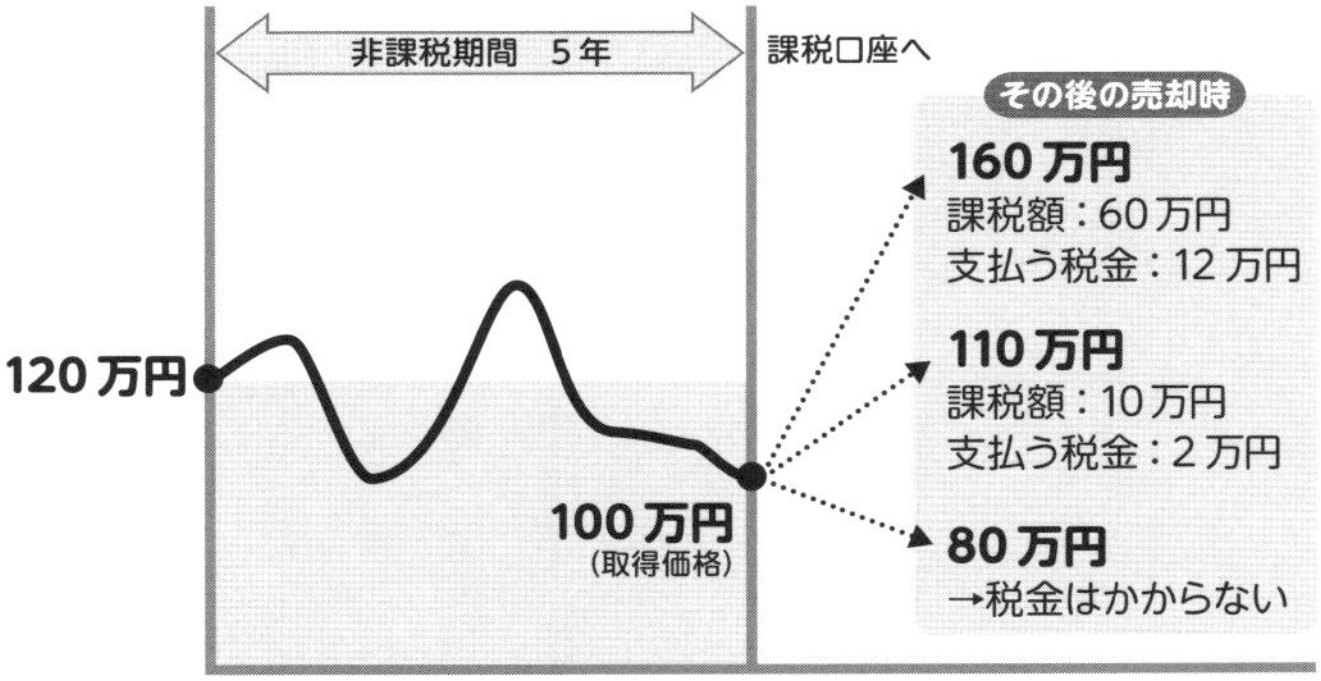

※復興特別所得税は考慮していない

下がってから上昇はむしろ課税強化に！

から、１６０万円から１００万円を差し引いた60万円に対して税金がかかります。したがって、税金は60万円×20％＝12万円になります。

でも、もともと投資したお金は１２０万円です。かりに一般ＮＩＳＡを使わなかった場合は１６０万円から１２０万円を差し引いた40万円に対して税金がかかるため、税金は８万円ですみます。このように**５年の非課税期間終了時に値下がりしていて、その後価格が大きく上昇するような場合には、一般ＮＩＳＡの枠を使って投資をしたほうが支払う税金がふえるということもありえます。**

また、投資した１２０万円が非課税期間終了時に１００万円に値下がりし、その後、１１０万円まで戻ったとします。この場合、取得価格は１００万円になるため、１１０万円から１００万円を差し引いた10万円に対して税金がかかります。したがって、10万円×20％＝２万円の税金を支払う必要があります。

でも、考えてみてください。投資した120万円が110万円になったわけですから、かりに一般NISAの枠を使って投資しなければ、税金を払う必要はありませんでした。これは一般NISAを利用する上で重要なポイントです。

なぜなら、非課税期間が終わる5年後の投資対象商品の価格しだいでは、一般NISAを利用したほうが課税口座を利用したときに比べて不利になる可能性もあるからです。**非課税期間終了時に、価格が下がっている場合には、課税口座ではなく新たな一般NISAへのロールオーバーを選択したほうがいい**でしょう。

◆同じ商品を何年かにわたって買うと取得価格は合算される

ここまで一括で投資を行う場合についてみてきました。しかし、実際には、何年かにわたって、同じ会社の株やETFを購入したり、あるいは同じ投資信託を積み立てたりすることもあります。その場合はどうなるでしょうか。

つみたてNISAと同様、株式や投資信託を購入した年次ごとではなく、「NISAで通算された平均取得価格」で表示される金融機関が多いようです（先出し先入れ方式ではなく、総平均法です。一部、取得した年次ごとに平均取得価格を表示するとしている金融機関もあります）。

例えば、1年目にA社の株を株価が５００円のときに２００株購入し、２年目には株価が１０００円のときに２００株購入すると、平均取得単価は７５０円となります。そのあと、A株を売却する場合、株価が（平均購入単価である）７５０円よりも高くなっていれば利益が出ますし、逆にそれよりも株価が低ければ損になります。投信の場合も同様です。

この場合、A株購入から5年以内に売却するのであれば、この通算された購入価額と時価をみて損益を把握することはできます。ただ、5年を超えて、同じ商品を購入すると損益の把握がむずかしくなります。というのも、新たな一般ＮＩＳＡ口座にロールオーバーすると、1年目に購入した「株数（または口数）」分の取得価額が移管時の時価に変わり、全体の平均購入価額も変化するからです。

このように、複数年にわたって同じ商品を購入していく場合、ロールオーバーのたびに取得価額が変わる、損益がわかりにくくなるといった課題があります。

◆1年単位で金融機関を変更することができる（つみたてNISAと共通）

2015年から、一定の手続きをとることで、1年単位で、異なる金融機関にNISA口座を開設することができるようになりましたが、次の4つの観点から、NISA口座はなるべく1つの金融機関にまとめたほうがよいと考えます。

①NISA口座の資産を別の金融機関に移管することはできない

NISA口座で購入した上場株式や株式投信を、そのまま他の金融機関のNISA口座に移管することはできません。例えば、A証券の一般NISA枠で購入した株式を、翌年新たにNISA口座をつくったB証券に移管することはできないわけです（どうしても移管したい場合には一度特定口座などの課税口座に移してから、他の金融機関の特定口座などに移管することになります。その場合も、投信は同じものを扱っているなどの制約があります）。

②ロールオーバーは同じ金融機関が原則

一般ＮＩＳＡの非課税期間は５年です。非課税期間終了時に、新たな一般ＮＩＳＡの枠にロールオーバーする場合、異なる金融機関の一般ＮＩＳＡ枠にロールオーバーすることはできません。

③手続きが煩雑

金融機関を変えるためには一定の手続きをとらなくてはならず、けっこうな手間がかかります。

④口座管理が面倒

毎年、違う金融機関にＮＩＳＡ口座を開設すると、口座管理や損益の把握などがむずかしくなります。さらに、特定口座などの課税口座でも金融資産を保有していると、管理はさらに複雑になります。

このように考えると、ＮＩＳＡ口座はなるべく1つにまとめたほうがベターです。

◆一般NISAの注意点を押さえておこう

ここまで一般NISAの概要についてみてきましたが、つみたてNISA同様、

- **ほかの口座と損益通算できない**
- **いつでも売却・解約できるが、一度売るとその枠はもう使えない**
- **投信の分配金を再投資する場合も新規購入としてカウントされる**
- **株やETFの配当は証券口座で受け取らないと税金がかかる**

といった注意点がありますので、押さえておきましょう。

◆一般NISAの変遷をおさらい

ここまで、一般NISAについてご説明してきましたが、2014年の制度開始時から変更になったことも多いので、89ページ図2－9にまとめました。

2014年から始まった一般NISA。最初は、いったんある金融機関で口座を開設したら、動かせなかったのですが、2015年から一定の手続きをとることで、1年単位で

異なる金融機関にＮＩＳＡ口座を開設できるようになりました。

２０１６年からは一般ＮＩＳＡの上限額が当初の年間１００万円から１２０万円に拡大されています。そして、２０１８年からはつみたてＮＩＳＡがスタート。１年ごとに一般ＮＩＳＡと選択できるしくみになりました。

そして、非課税期間終了時に、２０１９年の新たなＮＩＳＡ枠にロールオーバーする場合には１２０万円を超えて、青天井でロールオーバーできるようになりました（同じ金融機関同士である必要あり）。

さらに、２０２３年に一般ＮＩＳＡの新規投資枠が終了するのに伴い、新ＮＩＳＡが創設され、２０２４年から２０２８年まで投資できるようになります。新ＮＩＳＡは2階建てです。１階で購入できるのは、つみたてＮＩＳＡ対象商品のみ。上限額は年間20万円で、買い方は積み立てに限定されます。２階は一般ＮＩＳＡの対象商品を購入できます（レバレッジを効かせている投資信託、上場株式のうち整理銘柄・監理銘柄は対象外）。２階の投資枠は年間１０２万円までで、一括で購入しても、積み立てをしてもＯＫです。

このように制度のしくみは徐々に変わってきています、これからもウォッチし続けることが必要です。

2-9 一般NISAの変更点

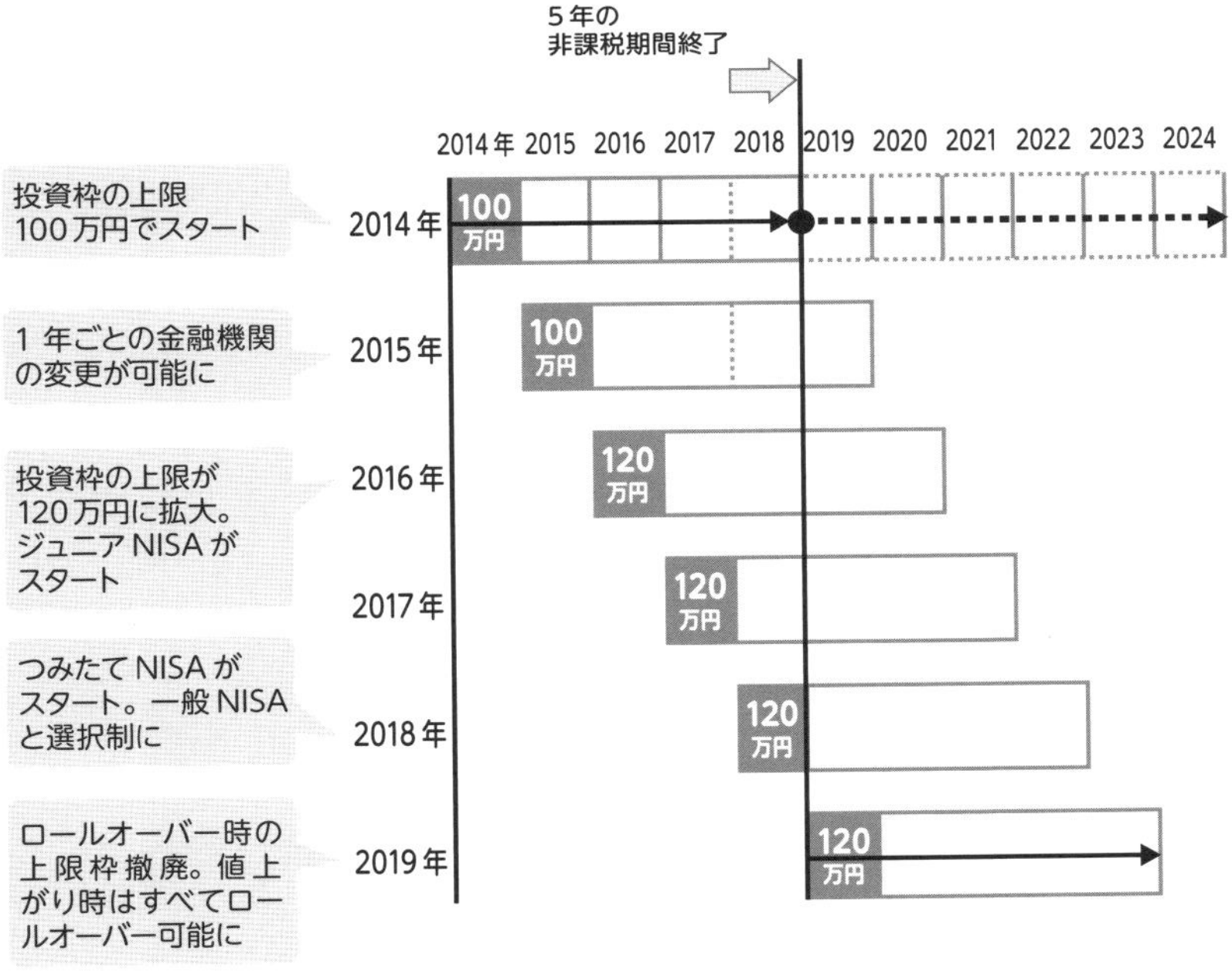
5年の
非課税期間終了
2014年 2015 2016 2017 2018 2019 2020 2021 2022 2023 2024
投資枠の上限
100万円でスタート
2014年
100万円
1年ごとの金融機関
の変更が可能に
2015年
100万円
投資枠の上限が
120万円に拡大。
ジュニアNISAが
スタート
2016年
120万円
2017年
120万円
つみたてNISAが
スタート。一般NISA
と選択制に
2018年
120万円
ロールオーバー時の
上限枠撤廃。値上
がり時はすべてロー
ルオーバー可能に
2019年
120万円

◆一般ＮＩＳＡからつみたてＮＩＳＡに変更する場合の注意点

すでに一般ＮＩＳＡを利用している人が、つみたてＮＩＳＡに変更する場合に気をつけたいポイントについて触れておきます。

注意したいのは、一般ＮＩＳＡで、５年間の非課税期間が終わったときに、新たな一般ＮＩＳＡの枠に株や投信を移して非課税のまま持ち続けられるロールオーバー（74ページ参照）」が使いづらくなることです。

例えば、２０１７年まで一般ＮＩＳＡの枠で投信の積み立てをしてきた人が２０１８年からつみたてＮＩＳＡに切り替えて、つみたてＮＩＳＡ枠で投信の積み立てを始めたとします（92ページ図２－10）。

２０１７年まで積み立ててきた投信は、一般ＮＩＳＡの非課税期間（最長５年）はそのまま非課税で運用を継続することができます（解約も可能）。ただし、一般ＮＩＳＡ枠で運用している分を、新たな一般NISA枠にロールオーバーすることはできなくなります。**非課税期間5年を超えて長期保有する場合には課税口座への移管となります。**

また、一般NISAから、つみたてNISAへの移管もできません。 つみたてNISAは少額からの積立・分散投資を促進することを目的としたしくみです。一般NISAからの移管を認めてしまうとつみたてNISAの枠で積立投資ができなくなってしまうので、一般NISAからつみたてNISAへのロールオーバーは認めていないそうです。

制度的には毎年一般NISAとつみたてNISAを選択することができるので、ロールオーバーしたいときだけ一般NISAに変更することは可能ですが、その年はつみたてNISAの枠は使えなくなります。また、口座管理が煩雑になるというマイナス点もあります。

そのため、一般NISAで保有する投信を課税口座に移管するときに基準価額が大きく下がっているような場合は、（特定口座を利用した場合に比べて）課税強化になる可能性

2-10 一般NISA口座を持っていて、つみたてNISAを始めると？

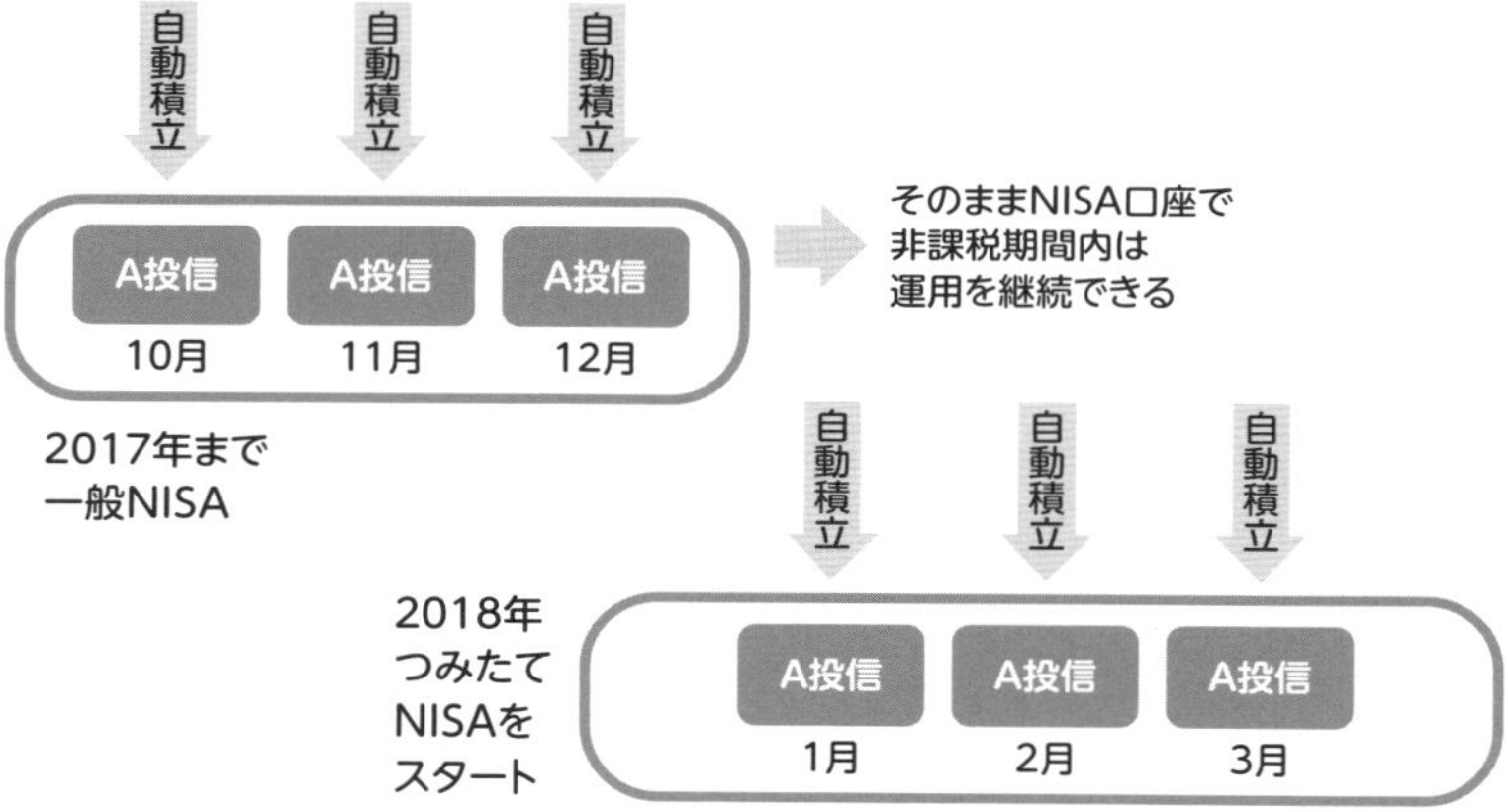

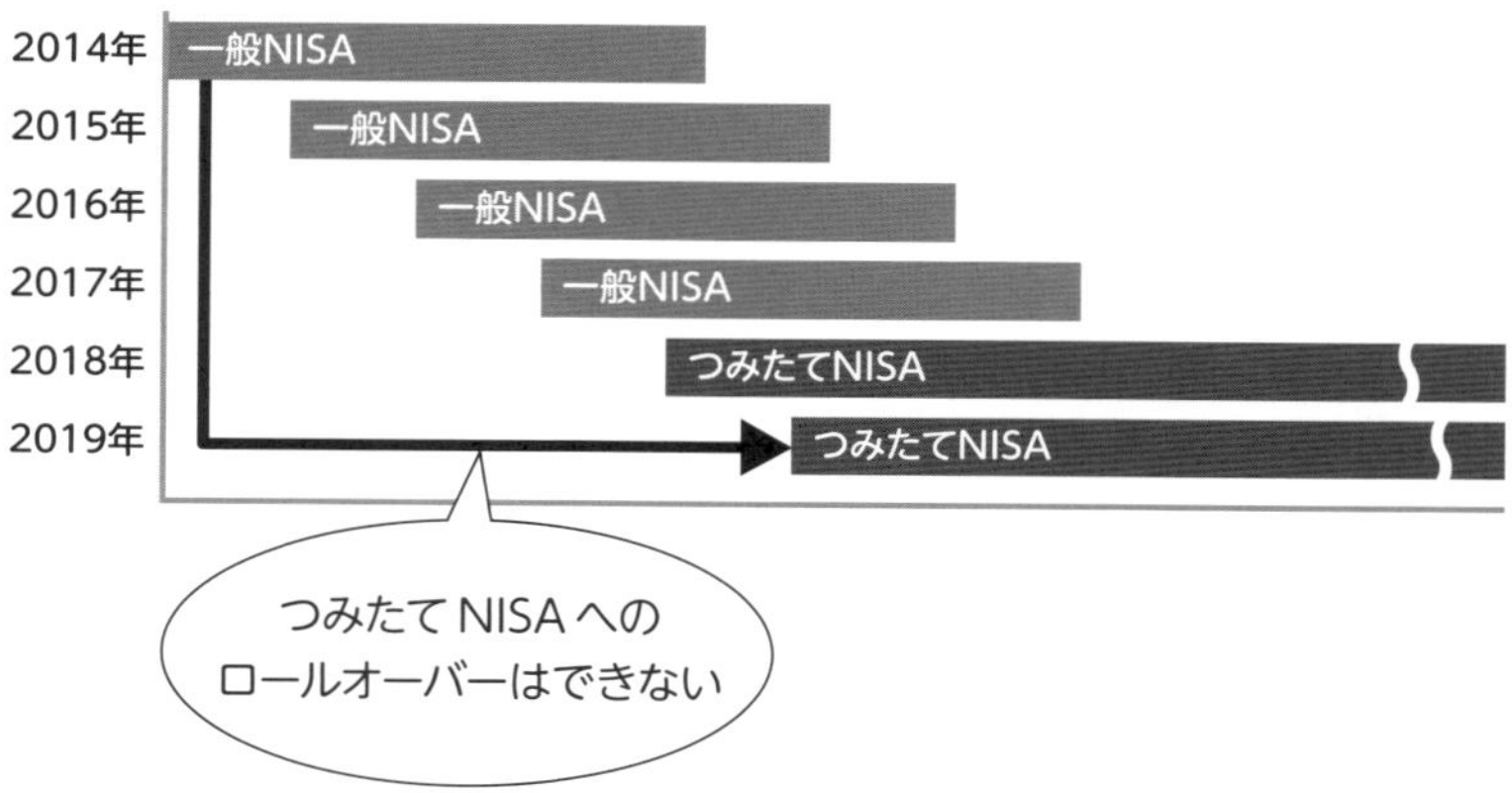

があることは注意が必要です（81ページ図2－8の下）。

一般ＮＩＳＡをつみたてＮＩＳＡに変更する場合には、出口（例えば、価格が上昇しているときに課税口座に移管するなど）は考えておく必要があるかもしれません。

制度改正により、一般ＮＩＳＡでは非課税期間終了時に年間投資上限額120万円を超えた分も含めてすべてロールオーバーができるようになりました。資産がふえてもすべて新たな一般ＮＩＳＡ枠に移せるので、非課税で運用できる枠は広がります。

年間40万円を超えて投信や株を購入できる人は一般ＮＩＳＡの制度が存続する限り、まずは一般ＮＩＳＡを活用してロールオーバーを行い、万が一、制度が終了した場合にはそれからつみたてＮＩＳＡを利用するという選択肢もあります。

◆ジュニアNISAってなに？

ＮＩＳＡには、一般ＮＩＳＡとつみたてＮＩＳＡのほか、ジュニアＮＩＳＡもあります。

ジュニアＮＩＳＡは「未成年少額投資非課税制度」のこと。おもに両親や祖父母が子どもや孫のために教育資金などを作っていくための制度です。図2－11に概要をまとめました。

一般NISAと同様、上場株式や株式投資信託などを購入すると、最長5年まで非課税で運用ができます。投資枠は年間80万円までです。

◆口座を開設する時には

この場合、

- ●ジュニアNISA口座
- ●課税ジュニアNISA口座（一般口座か特定口座か選択）

の2つを作ることになります。

ジュニアNISA口座は上場株式や株式投資信託などを購入し、非課税で運用を行うための口座です。一方、課税ジュニア口座は受け取った配当金や分配金などをプールしておくための口座です。ジュニアNISA口座で保有していた株式や投資信託などを売却・解約したお金もジュニア課税口座に入ります。いずれも、18歳の年度末までお金も引きだすことはできませんが、ジュニア課税口座にある預り金やMRF（マネー・リザーブ・ファ

2-11 ジュニアNISAの概要

口座開設できる人	日本国内に住む0～19歳 （口座開設する年の1/1に19歳であれば、その年中は口座開設可能）
対象となる商品	上場株式（外国株式、ETF、REIT含む）、 公募株式投信など
非課税対象	配当や普通分配金、譲渡益
新規に投資できる期間	2023年まで
非課税期間	・非課税管理勘定：最長5年間 ・継続管理勘定（ロールオーバー専用勘定）で、口座開設者が20歳になるまで非課税で保有可能。新規投資は不可
非課税投資額	毎年、80万円まで（新規資金のみ。翌年以降に繰り越し不可。最大400万円）
運用管理	原則、親権者などが未成年者のために代理して行う
払出し制限	3/31時点で18歳である年の前年の12/31まで払出し制限あり ＊災害などやむを得ない場合は税務署の確認を受けることにより非課税での払出しが可能
口座開設金融機関の変更	金融機関はひとり1口座。変更はできない

ンド）で他の金融商品を購入したり、新たなジュニアＮＩＳＡ口座用の資金として活用したりすることはできます。

名義は子ども（または孫）ですが、運用管理を行うのは原則、親権者となります。二親等以内の人であればよいので、漫画『サザエさん』でいえばタラちゃんがジュニアＮＩＳＡ口座を開設すると、運用管理者になれるのは親であるサザエさんとマスオさん、祖父母にあたる波平さんとフネさん、マスオさんのご両親、つまり、タラちゃんにとっては父方の祖父母です。

非課税期間は一般ＮＩＳＡと同じ5年です。非課税期間の終了時には

- 課税ジュニアＮＩＳＡ口座に時価で移管
- 新たなジュニアＮＩＳＡ口座に時価でロールオーバー

のいずれかを選択します（99ページ図2－12）。5年の非課税期間終了前に売却したり、時価で課税ジュニアＮＩＳＡ口座に移管したりすることも可能です。

非課税期間終了時に新たなジュニアＮＩＳＡ口座にロールオーバーする場合には、一般ＮＩＳＡと同様、非課税投資枠（80万円）を超えていてもすべて移せます（*）。

＊非課税期間5年経過時にロールオーバーする場合。ジュニアＮＩＳＡは一般ＮＩＳＡと同様、非課税期間5年が経過する前でも、任意の時点でジュニアＮＩＳＡ口座にロールオーバーすることも可能だが、その場合は、ロールオーバー先の年の非課税枠80万円の範囲内でしかロールオーバーを行うことはできない

そして、２０２４年から２０２８年までの各年にはロールオーバー専用の非課税枠として「継続管理勘定」が設けられます（新規買い付け不可。80万円の枠内で利用可能）。継続管理勘定では1月1日において20歳である年の前年12月31日まで非課税で運用することができます。そして、20歳以降は自動的に一般ＮＩＳＡ口座内の一般ＮＩＳＡ枠の利用となります（つみたてＮＩＳＡには移行できない）。

もちろん、引き出し制限の期間（3月31日時点で18歳である年の前年の12月31日まで）を過ぎれば、資金を引き出すこともできます。高校3年の1月以降は引き出しできるというイメージです。

注意点としては、一般ＮＩＳＡと違い、**ジュニアNISAは現実的に金融機関の変更ができない**ということです。口座の廃止は可能ですが、引き出し制限の前に口座を廃止する

と、非課税で受け取った配当金や売買益のすべてに課税されるためです。逆にいえば、大きく値上がりしているときに、約20％の税金を支払えば、18歳前でもお金を引き出すことは可能です。例えば、私立中学校の受験に合格してお金が必要になったら、課税はされますが、引き出しはできます。

このように、ジュニアＮＩＳＡは一般よりもしくみが複雑ですし、金融機関の変更も原則できません。口座を開設する前に「制度のしくみを理解する」「金融機関を比較・検討する」ことから始めてください。

日本証券業協会ではジュニアＮＩＳＡに関するＱ＆Ａをまとめてサイトにアップしています。詳しく知りたい方は、口座を開設する前にぜひ目を通してください。

〈ご参考〉資産配分のヒントになるサイト

●日本証券業協会「ジュニアＮＩＳＡ（未成年者少額投資非課税制度）に関するＱ＆Ａ」
http://www.jsda.or.jp/sonaeru/oshirase/juniornisaqa.html

2-12 ジュニアNISA口座のしくみ

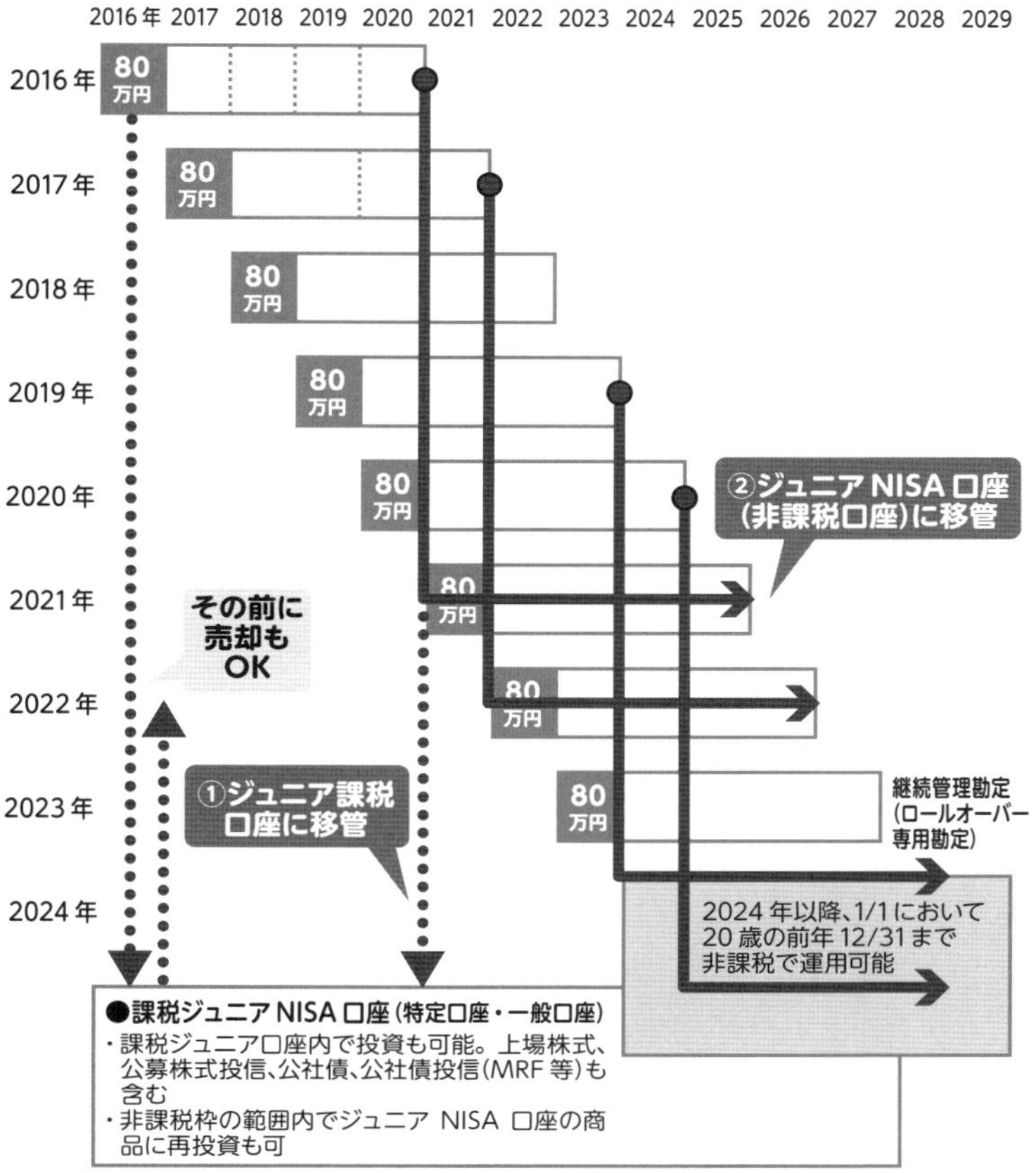
2016年 2017 2018 2019 2020 2021 2022 2023 2024 2025 2026 2027 2028 2029
2016年
2017年
2018年
2019年
2020年
2021年
2022年
2023年
2024年
80万円
②ジュニアNISA口座（非課税口座）に移管
その前に売却もOK
①ジュニア課税口座に移管
継続管理勘定（ロールオーバー専用勘定）
2024年以降、1/1において20歳の前年12/31まで非課税で運用可能
●課税ジュニアNISA口座（特定口座・一般口座）
・課税ジュニア口座内で投資も可能。上場株式、公募株式投信、公社債、公社債投信（MRF等）も含む
・非課税枠の範囲内でジュニアNISA口座の商品に再投資も可

コラム　ＥＴＦとは？

ETFというのは、特定の指数（たとえば、日経平均株価や東証株価指数＝TOPIXなど）の動きに連動するように設計された投資信託の一種。「Exchange Traded Funds」を略したもので、「上場投資信託」と呼ばれています。一般的な投資信託と異なり、証券取引所に上場しているため、株式と同様に売り買いすることができます。

ETF=Exchange Traded Funds

株式＋インデックスファンド

Exchange ・・・ 証券取引所で
Traded・・・・・ 取引される
Funds・・・・・・・ ファンド、投資信託

＊ ETFの特徴

指数には、株式だけでなく、債券やREIT（リート＝不動産投資信託）、通貨、コモディティ（商品）の指数もあり、そうした指数に連動するETFもあります。指数の動きに連動するように運用されているため、値動きがわかりやすいのが特徴。また、一般の投資信託に比べて、保有コスト（信託報酬）が安い点がメリットです。

そして、取引所の取引時間中であれば、いつでも売買することができます。ETFと似た商品に「インデックスファンド」があります。インデックスファンドは、1日1回算出される基準価額で1日1回しか取引できませんが、ETFは証券取引所の取引時間内に、株式と同様に売り買いができます。「いくらで買いたい」と値段を指定して購入したり、相場をみながらリアルタイムで売り買いをしたりすることができるわけです。

ETFには、国内の証券取引所に上場しているETF（＝国内ETF）の他、米国や香港といった海外の証券取引所に上場しているETF（＝海外ETF）もあります。

海外ETFについても、国内の証券会社を通じて取引できるものもあります。たとえば、米国の証券取引所に上場しているETFを取引する場合、円を米ドルに替えて、米ドルでETFを購入することになります。価格も米ドルで表示されます。売買するときの手数料は国内ETFを取引する際の手数料と比べると高くなりますから、ある程度まとまった金額での取引がベターです。

＜ご参考＞ETFについて詳しく知りたい方は以下をご参照ください。
●『ETF投資入門』（カン・チュンド著、日経文庫）
●日本取引所グループ　ＥＴＦの解説ページ
http://www.jpx.co.jp/equities/products/etfs/index.html

第3章

つみたてNISA・一般NISAをどう活用する?

◆金融資産全体で運用を考えよう

第3章ではつみたてNISAと一般NISAの活用法について考えていきましょう。

つみたてNISAや一般NISAに関心をお持ちの方は、長期的にお金を育てていく（＝資産形成を行う）ことが目的ですよね。ですから、制度を目いっぱい使おうとか、効率的に使おう、と考える前に、**まずは家計の現状把握（資産や負債、収支など）や投資する目的、運用できる期間、投資に回せるお金などを整理しましょう。**具体的には、

- **金融資産全体を把握する**
- **おおまかに資産配分（アセット・アロケーション）を決める**
- **自分が利用できる「税金の優遇」制度を知る**
- **それぞれに、どの資産クラス（＊）、商品を割り振るかを考える**

というふうに考えることが大切です。それぞれの人・ご家庭の「全体最適」を考えることが大切であって、〝制度ありき〟ではないということは心に留めておいてください。

まず、自分の保有する金融資産全体を把握します（図3－1）。結婚している場合には、

ご夫婦それぞれに金融資産があるので、家庭全体でみたほうがよいでしょう。金融資産は預金などの無リスク資産と、株式や投資信託などのリスク資産に分けられます。

＊日本株式や先進国株式といったカテゴリーのこと

3-1 金融資産全体で考えよう

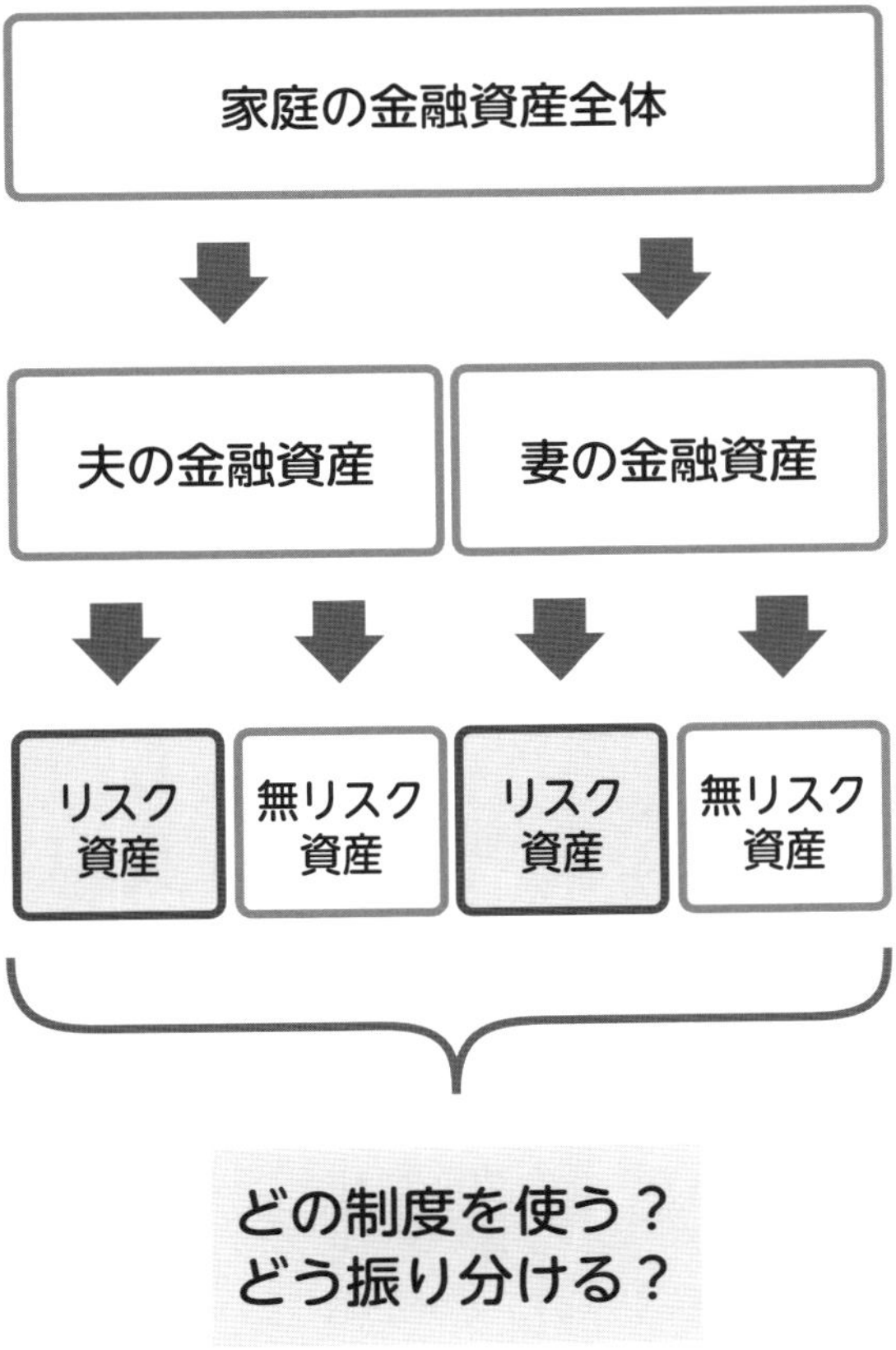

◆資産を組み合わせて長い目で投資しよう

運用を考えるときには、金融資産全体でおおまかな資産配分を決める必要があります。といっても、あまりむずかしく考える必要はありません。お金をどこに、どれくらいの割合で振り分けるか、どう組み合わせるかという視点を持つこと。単品で考えるのではなく、地域や資産を組み合わせることが大切です。その際、日本だけではなく、先進国や新興国なども含めて、「世界に丸ごと積立投資する」ことを考えてください。

図3－2は、株式と債券をさまざまな比率で組み合わせた場合のリスクとリターンの変化を示したものです。

ここでいうリスクというのは、非常にざっくりいえば商品の価格の変動幅を指しています（リスクについては第3章末のコラムをお読みください）。

株式の比率を高めていくとリターンが高まりますが、同時にリスクも上昇することがわかります。あくまでも過去のデータですが、組み合わせを考える上で参考になると思います。資産配分を考える上では、資産配分に関する書籍やウェブサイトの事例を参考にしたり、独立系のファイナンシャルプランナーに相談したりする方法もあります。

3-2 さまざまな資産構成比のリスク・リターン

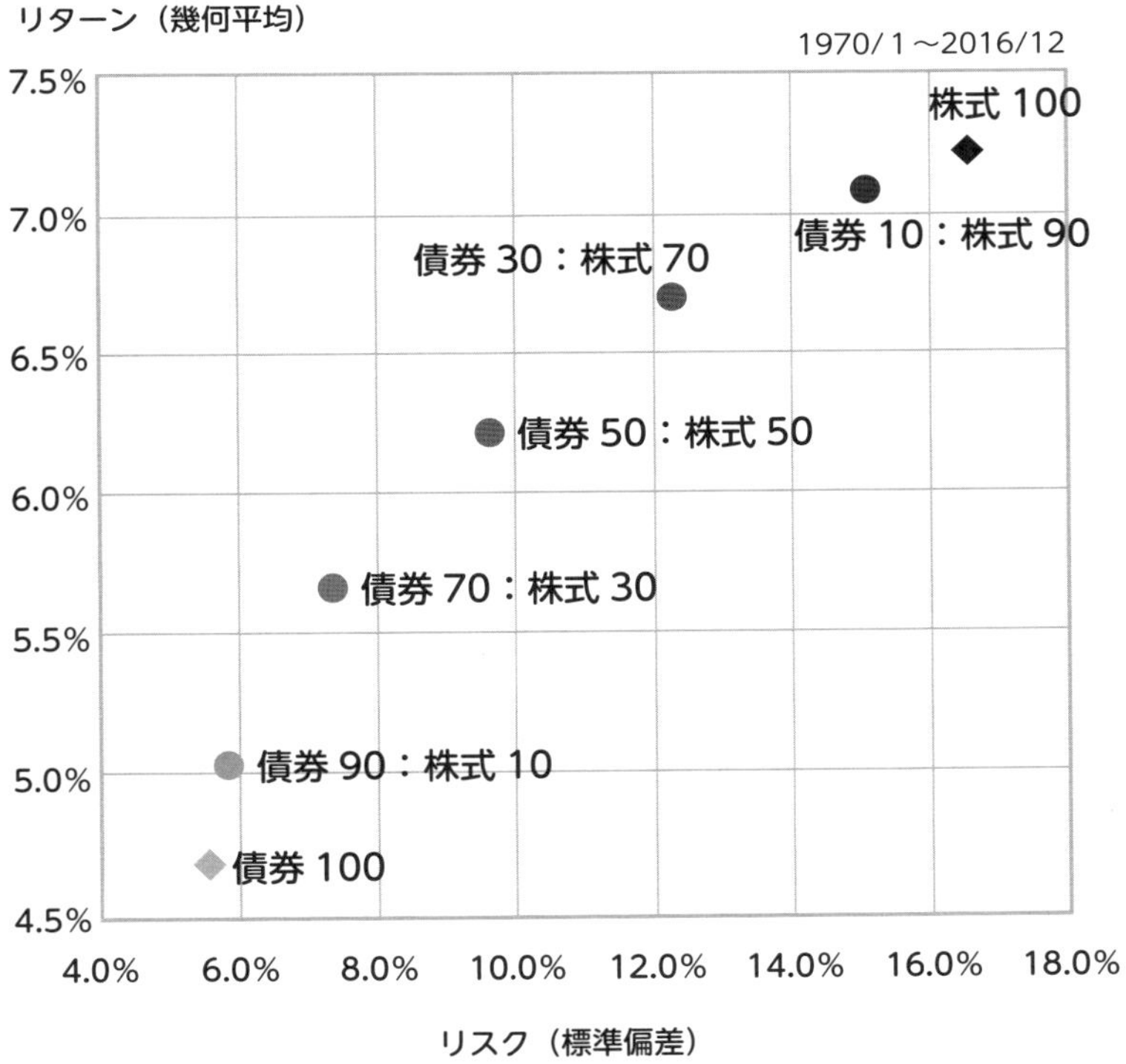

※各ポートフォリオは毎月末にリバランスしています。

<出所>国内株式：東証一部時価総額加重平均収益率、外国株式：MSCI コクサイ（グロス、円ベース）、国内債券：野村 BPI 総合、外国債券：1984 年 12 月以前はイボットソン・アソシエイツ・ジャパン外国債券ポートフォリオ（円ベース）、1985 年 1 月以降はシティ世界国債（除く日本、円ベース）

〈ご参考〉資産配分のヒントになるサイト

● 「長期投資仲間」通信インベストライフ→http://www.investlife.jp/

長期投資と資産運用の入門から実践までの情報が満載。参考データ・コーナーでは基本ポートフォリオのパフォーマンス（データ提供：イボットソン・アソシエイツ・ジャパン「投信まとなび」）が毎月更新、掲載されている。無料。

次に、自分や家族が利用できる「税金の優遇制度」を知って、特徴をつかみます。日本では、つみたてＮＩＳＡや一般ＮＩＳＡ以外にも税優遇のしくみがあります。

考え方としては、

（1）利用できる制度を整理する（既婚者は夫婦とも。以下、同じ）
（2）どの口座を優先的に使うか、併用するかを検討する
（3）それぞれ上限額を確認→積立額を決める
（4）利用する商品を決める
（5）金融機関を決める

という流れになります（＊）。

＊iDeCo（個人型確定拠出年金）の場合には口座管理手数料がかかるため、4と5をセットで考える必要がある

◆これから投資を始めるなら「iDeCo《イデコ》」＋「つみたてNISA」で

本書はつみたてNISAと一般NISAについて解説する本ですが、できるだけiDeCo（個人型確定拠出年金）や企業型確定拠出年金（以下、企業型DC）と一緒に利用してほしいと考えています。2つの制度を併用することで、非課税の口座で、長い時間をかけてコツコツ資産形成を行うことができるからです。

iDeCoというのは公的年金に上乗せして自分で老後資金を作っていく制度です。原則60歳までお金を引き出すことはできませんが、運用益が非課税になるだけでなく、掛金が全額所得控除になるため、その年の所得税や翌年の住民税が安くなるという効果があります（＊1）。

課税される所得があり、リタイア後のお金を作るのが目的なら、まずはiDeCoを利

用しつつ、いつでも引き出せてどんな用途にも使えるつみたてＮＩＳＡ（または一般ＮＩＳＡ）を併せて活用するのがよいでしょう。

つみたてＮＩＳＡはだれが利用しても年間の上限額は同じ40万円ですが、ｉＤｅＣｏは属性（働き方）によって上限額が異なります（図３－３）。

例えば、企業年金のない会社員がｉＤｅＣｏとつみたてＮＩＳＡを併用すると、年間67万６０００円（月にならすと5万６０００円程度）まで非課税の積み立て枠が利用できます。かりに20年続けたら、元本だけで１３５０万円以上にもなります。もちろん、枠をめいっぱい使う必要はなく、無理のない範囲内で利用していけばＯＫです。

一方、勤務先で企業型ＤＣに加入している場合は、ｉＤｅＣｏに加入できないケースが多いため、企業型ＤＣとつみたてＮＩＳＡを有効に活用しましょう（＊2）。会社によっては掛金に加えて自分で掛金を上乗せできる「マッチング拠出」もできます。

所得がない専業主婦（夫）は所得控除の恩恵が受けられないため、口座管理手数料がかかるｉＤｅＣｏよりもつみたてＮＩＳＡを優先しましょう。過去に企業型ＤＣで運用してきた資産がある、近い将来就職して稼ごうと思っている人はｉＤｅＣｏとの併用を検討し

3-3 「つみたてNISA」＋「iDeCo」の両方を使う！

●iDeCo　（年間の上限額）

- 自営業・フリーランス ➡ 81万6000円[注1]
- 会社員（企業年金なし） ➡ 27万6000円
- 専業主婦/夫
- 会社員（企業DCのみ）[注2] ➡ 24万円
- 会社員（確定給付型のみ、確定給付型＋企業型DC）[注2]
- 公務員 ➡ 14万4000円

●企業型DC

- 会社員（iDeCoの加入資格なし）

＋

●つみたてNISA

40万円

⬆

- 専業主婦/夫

注1　国民年金基金と合算した額
注2　企業型DC加入者はiDeCoに加入できるように規約変更した場合に限る。iDeCoに加入できる人はほんのわずか

iDeCoは、働き方によって、
掛け金が違うんだね！

てください。また、iDeCoのように利用するときに年齢の上限もないため、50代後半の人などもつみたてNISAや一般NISAを優先してもいいかもしれません。なお、iDeCoとつみたてNISAの使い分けについては第4章末のコラムをお読みください。

＊1　iDeCoは、受取時は原則課税。受け取るお金は退職所得控除や公的年金等控除の対象だが、他に退職一時金や企業年金がある人は受け取り方や受取方法を検討する必要がある

＊2　企業型DC加入者がiDeCoに加入するには「マッチング拠出をしない」「従業員がiDeCoに加入できる」等、規約の変更が必要

〈ご参考〉iDeCo（個人型確定拠出年金）について詳しく知りたい方は

●iDeCo公式サイト（国民年金基金連合会）→https://www.ideco-koushiki.jp/

●iDeCoナビ（NPO確定拠出年金教育協会）→http://www.dcnenkin.jp/

●『一番やさしい！一番くわしい！　個人型確定拠出年金iDeCo活用入門』(竹川美奈子著、ダイヤモンド社)

◆つみたてNISAと一般NISA、どちらを選択するか

では、iDeCoと併用するなら、つみたてNISAと一般NISAのどちらがよいでしょうか。新規に購入する場合、つみたてNISA、一般NISAのいずれかひとつを選択して商品を買い付けることになります。そこで、図3－4を参考にどちらかを選択しましょう。

具体的には、購入したい商品や投資できる金額、購入方法を考えていきます。

一般NISAについては制度の理解も必要です。制度はやや複雑で、流動的。ロールオーバーはできるものの、非課税期間が最長5年という〝縛り〟があります。一般NISAを利用するなら、こうしたしくみを念頭において利用することが求められます。

その上で、例えば、「個別株を買いたい」「年間40万円以上投資できるお金がある」「つみたてNISAの対象になっていない投資信託やETF（上場投信）を買いたい」という人は、「iDeCo＋一般NISA」を利用してもよいでしょう。ただし、2017年12月末時点で、一般NISAで新規に投資できるのは2023年まで（非課税で保有できる

のは2027年まで）となっているため、今後の動向を見守る必要があります。

一方、つみたてNISAに向いているのは、対象となっている投資信託を活用して、年間40万円の範囲内でコツコツ積み立て投資をしていきたい人です。これから投資をはじめる人や初心者の人、ベテランの人でも年間に投資できる金額が40万円以内であれば、シンプルな「つみたてNISA」を利用すればよいのではないでしょうか。

現在一般NISAを利用している人がつみたてNISAに変更する場合には注意点があります。第2章の90ページをご覧ください。

制度上は1年ごとに変更することも可能ですが、口座管理を考えると、どちらを利用するかを決めて、長期で利用することをおすすめします。

3-4 つみたてNISAと一般NISA、どちらを使う？

つみたてNISA

○購入したい商品
…対象となる投信・ETFで○Ｋ

○投資できる金額
…年間40万円以下

○購入方法
…積み立てで○Ｋ

一般NISA

○購入したい商品
…株式やつみたて NISA 対象外の投信・ETFを買いたい

○投資できる金額
…年間40万円を超えて投資できる

○購入方法
…一括で購入したい
…年間40万円以上積み立てたい

○制度の理解
…ロールオーバーなど、複雑なしくみを理解できる

◆つみたてNISA——運用期間を長く取れる人は株式を中心に

まず「つみたてNISA」の活用法について考えていきます。

この制度は**①運用益に税金がかからない、②投資信託の手数料が低い（対象商品はすべてノーロードで運用管理費用（信託報酬）にも上限あり）、③非課税期間が最長20年——**という特徴があります。

長期で効率的な運用ができるので、金融資産全体で考えると、なるべく期待リターンの高い商品で運用するのが合理的です。

そもそも、つみたてNISAの対象となっている投資信託は、株式に投資をする投資信託か、株式を含むバランス型に限定されています。比較的年齢が若く、長い期間運用していける人は「株式に投資する投資信託」をメインに据えたいところです。

株式投資というのは、株を買って会社のオーナー（持ち主）のひとりになることです。

例えば、投資した会社が世の中にいい商品・サービスを提供して成長していくと自分の持ち分の価値も高まります。つまり、いい会社を見つけて投資をし、長期で株を保有することで、その会社の成長の果実を分け合う（シェア）のが株式投資です。

ただし、ひとつの会社に絞ると、その会社が大きく成長して株価が上がることもあれば、逆に上場廃止や倒産という事態もあります。そこで、大切なのは投資信託を使って、世界中の会社の株をまとめて持つ（＝世界中の会社のオーナーになる）という視点です。世界全体では人口もふえ生活水準も向上していきます。投資信託を活用して、世界の株のパッケージを持ち、そうした大きな流れに乗っていきましょう。

例えば、ある程度まとまったお金を定期預金に預けている、あるいは、個人向け国債（変動10年）を特定口座などで保有しているような場合、つみたてＮＩＳＡでこれから積み立てるお金はすべて株式に投資する投資信託にあてるという選択肢も十分あるでしょう。金融資産全体でみたら、積立額はそれほど多くないでしょうし、並行して積み立て貯蓄も行うはずです。

若い世代は人的資本（将来の稼ぎ力の総和）も大きいので、短期的な変動に耐えることも可能です。短期的に大きく下がっても、稼ぐ力があるのですぐに引き出す必要性も低いし、万一損失を被っても稼いだお金でリカバリーもできます。また、若いときには金融資産自体がそれほど大きくないので、そのうちの一部で大きなリスクをとっても金額的にそれほど影響を与えないからです。ただし、人によって差があるので、第3章の最初で触れたように、家計の資産や負債、収支の状況、運用できる期間、投資に回せるお金などを整理しておきましょう。

◆世界の株にまとめて投資するには？

では、具体的にどのような商品に投資すればよいでしょうか。

ここで思い出していただきたいのは、つみたてNISAで投信を積み立てていく場合、別の商品への預け替え（スイッチング）ができないということです（48ページ図1－10）。ですから、なるべく分散された商品をコツコツ継続的に買っていくのがキホンです。

投資信託を活用して世界の株にまとめて投資するにはいくつかの方法があります（121ページ図3－5）。

◆1本で日本を含む世界の株に投資する

手間がかからないのは1つの投資信託を持つだけで、日本を含めて世界の株にまとめて投資をする方法です。つみたてNISAでは、図3−5の（1）にあたります。具体的には、2つ株価指数に連動するタイプの投資信託があります。

ひとつ目は、MSCIオール・カントリー・ワールド・インデックス（MSCI《エムエスシーアイ》 ACWI《アクイ》）に連動する投資信託です。MSCI ACWIは先進国23カ国、新興国27カ国の合計50カ国、約3000社（大型株と中型株＝比較的時価総額の大きい会社）をカバーしているため、MSCI ACWIに連動する投資信託を持つとそれだけの国・会社にまとめて投資できます。

つみたてNISA対象商品では三菱UFJ国際投信が運用する『eMAXIS《イーマクシス》 Slim《スリム》全世界株式（オールカントリー）』がこれにあたります。運用管理費用（信託報酬）は0・5336%（税抜0・142%）です。

もう一つはFTSE《フッツィー》グローバル・オールキャップ・インデックスに連動する投資信託です。FTSEグローバル・オールキャップ・インデックスは日本を含む世界47カ国の大型株、中型株から比較的規模の小さい小型株まで、約8000社で構成されています。

対象商品としては『楽天・全世界株式インデックス・ファンド』(楽天投信)や『SBI・全世界株式インデックス・ファンド(愛称雪だるま(全世界株式))』(SBIアセットマネジメント)があります。前者はおもに米国ザ・バンガード・グループ・インクが運用する「バンガード・トータル・ワールド・ストックETF(VT)」という海外ETFに投資をする商品。投資先のETFを加えた運用管理費用(信託報酬)は年0・2196%程度(税込)です。後者は3本のETFに投資を行う商品で、投資先のETFを加えた運用管理費用(信託報酬)は年0・1155%程度(税込)です。


投資初心者の方からは「複数の投資信託を組み合わせるのはむずかしい」「購入したあとのメンテナンスが面倒だ」という声を耳にします。そういう方は、まずはこうした幅広く分散された商品を購入していく方法もあります。

ただし、ここで挙げた(1)グループのパッシブ運用の商品はいずれも2017年に新しく設定された商品で、運用実績がほとんどありません。「資産残高が安定的にふえているか」「目標とする指数とのかい離は小さいか」「運用管理費用(信託報酬)以外の手数料

3-5 世界の株を持つ方法

日本 ＋ 先進国 ＋ 新興国

(1)
「MSCI オール・カントリー・ワールド・インデックス（MSCI ACWI）」に連動する投信
「FTSE グローバル・オールキャップ・インデックス」に連動する投信

(2)
「TOPIX」に連動する投信 ＋ 「MSCI オール・カントリー・ワールド・インデックス（MSCI ACWI 除く日本、円ベース）」に連動する投信

(3)
「TOPIX」に連動する投信 ＋ 「MSCI コクサイ・インデックス」に連動する投信 ＋ 「MSCI エマージング・マーケット・インデックス」に連動する投信

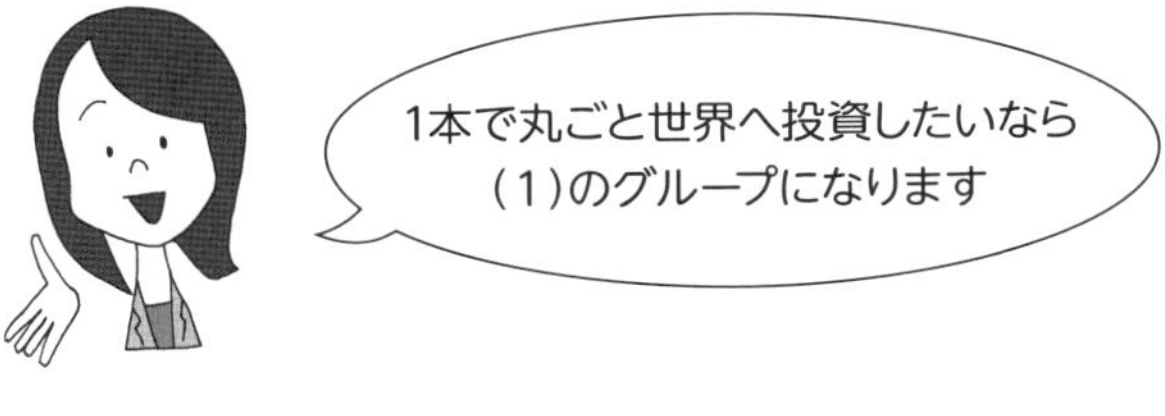
1本で丸ごと世界へ投資したいなら
（1）のグループになります

を加味した、実質的なコストはどのくらいか」などをみていく必要があります。また、時価総額の沿った比率になっているため、日本株の割合が小さいことは押さえておきましょう。

このほか、アクティブ運用の投信では「セゾン資産形成の達人ファンド」（セゾン投信）が1本で日本を含む世界の株に投資することが可能です。長期的な収益力などを基準に個別株に選別投資を行うアクティブ投信に投資する投資信託（ファンド・オブ・ファンズといいます）で、設定は２００７年と10年以上の運用実績があります。

◆複数の投資信託を組み合わせる

何本かのインデックスファンドを組み合わせることで、世界の株にまとめて投資するという方法もあります。１２１ページの図３－５の（２）や（３）の方法です。どちらも、積み立て投資をすることで49カ国の約４５００の会社にまとめて投資をしていくことができます。

（２）では、日本株と海外の株（先進国＋新興国がセットになったもの）を組み合わせます。「ＭＳＣＩオール・カントリー・ワールド・インデックス（ＭＳＣＩ ＡＣＷＩ 除く日本）」に連動する投資信託は1本で日本を除く先進国と新興国の株式にまとめて投資することができます。対象商品には『野村つみたて外国株投信』（野村アセットマネジメント）や『三井住友・DCつみたてNISA・全海外株インデックスファンド』（三井住友DSアセットマネジメント）などがあります。（2）のグループでは2本の投信を組み合わせることで、世界の株に投資することができます。

（3）は日本株と先進国株、新興国株の3つを組み合わせる方法です。MSCIオール・カントリー・ワールド・インデックス（除く日本）の代わりに、MSCIコクサイ・インデックスやMSCIエマージング・マーケット・インデックスに連動する投資信託を活用します。MSCIコクサイ・インデックスは日本を除く先進国22カ国・約1330社の株、MSCIエマージング・マーケット指数は新興国26カ国・約1200社の株でそれぞれ構成されています。

◆つみたてNISAの中だけで分散しなくてもいい

これまで投資をしたことのない人は、このように、つみたてNISAの枠の中で、複数の投資信託を積み立てていくということを考えてもよいでしょう。ただし、つみたてNI

SAでは投信を解約すると非課税枠を再度使うことができないので、口座内で投信の預け替えができません。そのため、つみたてNISA内で複数の投信を積み立てて、当初決めた比率が大きく崩れたときには、積み立てていく金額で調整するか、つみたてNISA以外の口座（例えばiDeCoなど）を活用して調整するか、のいずれかになります。

また、この章の最初でも触れましたが、つみたてNISAの中だけで必ずしも世界の株をまとめて持つ必要はありません。金融資産全体で考えるのが大前提です。例えば、課税口座で日本の株式に投資していたり、日本株の投信を保有していたりする人は、つみたてNISAでは海外株のインデックス投信だけを積み立ててもOKです。

◆繰上償還《くりあげしょうかん》リスクの少ない投資信託がベター

では、具体的にどのような投資信託を選んだらよいでしょうか。

つみたてNISAは対象投信が絞られていますし、すべて購入時手数料はゼロ（ノーロード）で、保有中にかかる運用管理費用（信託報酬）にも上限が設定されています。複雑なしくみの、手数料が高いものはあらかじめ除かれているので、一般的な投資信託選びほど神経質にならなくてもよいでしょう。

ただ、そうはいっても注意点はあります。

日本を含む世界株に1本で投資するインデックスファンドは、２０１７年に新たに設定されたものを利用するしかありませんが、それ以外のもの、例えば、ＭＳＣＩコクサイ・インデックスに連動する先進国株のインデックスファンドのように同じ指数に連動する商品がたくさんあるようなケースです。

つみたてＮＩＳＡと一般ＮＩＳＡでは投資信託を解約するとその枠は再利用できないというお話をしましたが、繰上償還（本来の運用終了予定よりも前に運用がストップされること）された場合も同様です。ですから、**なるべく繰上償還されるリスクの低い商品を選びたいところです。**

そこで、同じ指数に連動するインデックス投資信託がたくさんある場合には、

・運用実績がある（新規設定でない）

・運用管理費用（信託報酬）が相対的に低い

・（できれば）運用管理費用（信託報酬）の引き下げ実績がある
・純資産総額が安定的にふえている

といった点を考慮しましょう。

例えば、『ｅＭＡＸＩＳ《イーマクシス》 Ｓｌｉｍ《スリム》』のシリーズ（三菱ＵＦＪ国際投信）や『〈購入・換金手数料なし〉』シリーズ（ニッセイアセットマネジメント）、『たわらノーロード』のシリーズ（アセットマネジメントＯｎｅ）、『三井住友・ＤＣつみたてＮＩＳＡ』のシリーズ（三井住友ＤＳアセットマネジメント）、『ｉＦｒｅｅ《アイフリー》』のシリーズ（大和投信）といった、低コストのインデックスファンドの各ラインナップはつみたてＮＩＳＡスタート前から運用されています。ただし、資産クラスによってはつみたてＮＩＳＡスタートに合わせて新しく作られ、残高が少ないものもあるので確認しましょう。

つみたてＮＩＳＡの対象商品はインデックス投信が大半を占めていますが、一部アクティブ投信（＊１）も含まれてます。その中で多いのは日本株に投資するアクティブ投信です（２２０ページの商品一覧参照）。

アクティブ投信については、手数料水準だけでなく、純資産総額50億円以上で、運用実

3-6 アクティブ投信を一部加える手も

	日本	＋	先進国	＋	新興国
(1)	アクティブ投信				
(2)	アクティブ投信	＋	「MSCI オール・カントリー・ワールド・インデックス（除く日本、円ベース）」に連動する投信		
(3)	アクティブ投信	＋	「MSCI コクサイ・インデックス」に連動する投信	＋	「MSCI エマージング・マーケット・インデックス」に連動する投信

日本株に投資する商品がいちばん多い

欧州株や米国株に投資するアクティブ投信もある

績が5年以上あり、資金が安定的に流入している（＊2）といった条件をすべて満たす必要があります。そのため、これまで投資家から一定の支持を得たり、積み立ての比率が高かったりする直販（＊3）の投信や企業型DCで販売されてきた投信などが目立ちます。

その中で、投資哲学や運用プロセス、中身（ポートフォリオ）、運用体制、運用実績（リスク・リターンなど）をきちんと調べた上で、共感・納得できるのであれば、金融資産全体の中で一部アクティブ投信を持つという選択肢もあるでしょう（図3－6）。

いま特定口座などの課税口座で積み立てている商品がつみたてNISAの対象になっているなら、これから積み立てていく分を（課税口座から）つみたてNISAに変更すると、将来解約して利益がでたときに非課税で受け取ることができます。

＊1　指定された指数に連動する投信以外は、例えば中小型株指数に連動する投信のようなインデックス投信であっても、アクティブ投信と同様の条件をクリアする必要がある

＊2　設定来、資金流入超の回数が3分の2以上の条件を満たす必要がある

＊3　投資信託を設定・運用する会社（運用会社）が、銀行や証券会社などの販売会社を通さずに投資家に投信を直接販売すること。直販だけの会社もあれば、直販と販売会社経由の販売を両方行うところもある

◆バランス型を活用する

長期で運用するなら、株式に投資する投信をメインに据えたいというお話をしました。というのも、金融資産全体でみたときにつみたてＮＩＳＡで積み立てていく金額はそれほど多くないと思われるからです。ただ、それでも投信の値動きが大きいことに抵抗がある人もいるようです。

本来リスクを抑えるには投資する金額で調整する（＝つみたて投資に回す金額を減らす）のがキホンですが、「値動きをもう少しマイルドにしたい」「長期で運用しない可能性もある（引き出す時期が比較的近いかもしれない）」という人は、バランス型の投資信託を積み立てていくという選択肢もあります。

バランス型投信というのは、株式だけ、あるいは債券だけというようにひとつの資産だけではなく、株式と債券、株式と債券と上場不動産投信（ＲＥＩＴ）など、複数の資産を組み合わせて運用する投資信託のことをいいます（図３－７）。

また、ひと口にバランス型といっても、いくつかのタイプに分かれます。次ページから

3-7 バランス型投信を利用する

Q. バランス型投資信託とは？

A. 1 本の投資信託の中に、

- 国内株も
- 海外株も
- 国内債券も
- 海外債券も
- 国内 REIT・海外 REIT
  なども

入っているのが
バランス型投信

3-8 バランス型にはいろんなタイプがある

固定配分
示された資産配分がずっと固定されるタイプ
→ **配分の異なるシリーズ** 例えば、株式比率が70%、50%、30%というように、いくつかの投信をそろえている
→ **均等型** 4資産均等、8資産均等など

リスクコントロール型
リスク（変動幅）を一定に抑えるために、市場動向に応じて投資資産の組入比率を機動的に変更

ターゲットイヤー型
将来のある時点をめざして株式などの比率を一定のルールに沿って「自動的に」引き下げていくタイプ。「2030年」など、投信の名前に年が記載されているものが多い

見ていきましょう。

◆固定配分型

「固定配分型」は、決められた資産配分割合をずっと維持していくタイプです。

代表的なのは、例えば、株式に投資する部分を資産全体の30%、50%、70%などと決めた3〜4本のシリーズがセットで商品化されているものです（安定、標準、積極型や、債券シフト型、標準、株式シフト型など商品によって名称はまちまちです）。

リスクが高くてもリターンを高めたければ株式の比率が高いものを選ぶと、

基本的なポートフォリオを1本でつくることができます。洋服でいえば、細かくサイズをはかるオーダーメイドではなく、S、M、Lといった3つくらいのサイズから自分の体型にもっとも近いものを選ぶという感じです。

ただし、同じ株式70％のものでも、国内資産と海外資産の比率や、新興国株を含むか否かなどは、商品によって異なるため、中身はしっかり確認しましょう。

もうひとつは「均等配分」のものです。こちらは投資する資産に均等（同じ割合）で投資をするタイプです。例えば、4資産（日本株・債券、先進国株・債券に4分の1ずつ）に投資するものをはじめ、6資産（日本株・債券、先進国株・債券、新興国株・債券に6分の1ずつ）、8資産（日本株・債券、先進国株・債券、新興国株・債券、国内REIT・海外REITに8分の1ずつ）に同じ割合で投資する商品などがあります。

図3－9はいろんな資産と、4資産の組み合わせ、6資産の組み合わせ、8資産の組み合わせについて、それぞれのリスクとリターンを図で示したものです。タテ軸はリターン、ヨコ軸はリスクを示しています。図の右側にいくほどリスクが高くなり（＝ブレ幅が大き

3-9 各資産と4資産・6資産・8資産のリスク・リターン

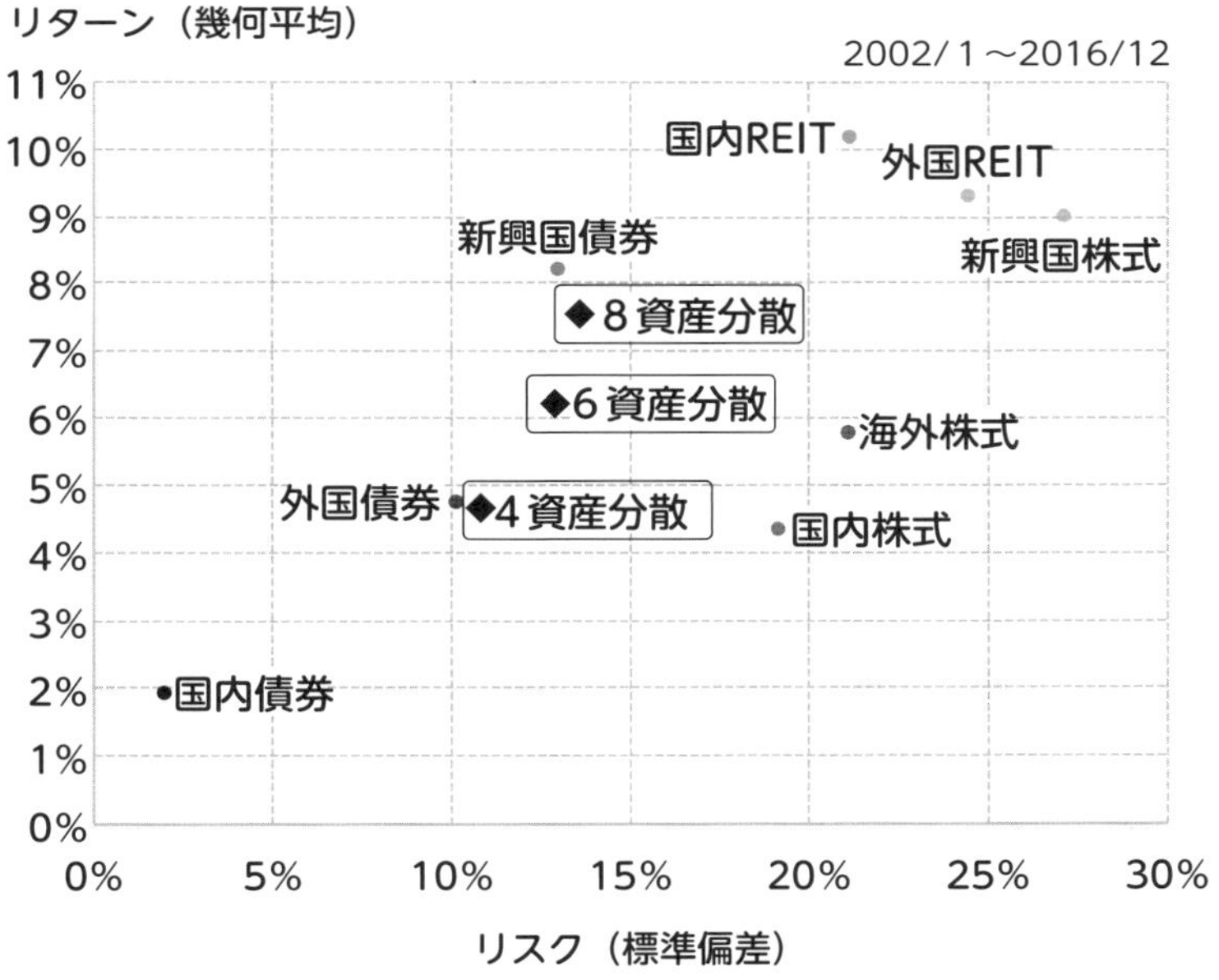

Copyright © 2017 Ibbotson Associates Japan,Inc.

＜出所＞国内株式：東証一部時価総額加重平均収益率　外国株式：MSCI コクサイ（グロス、円ベース）　新興国株式：MSCI エマージング（グロス、円ベース）　国内債券：野村 BPI 総合　外国債券：シティ世界国債（除く日本、円ベース）　新興国債券：JP モルガン・EMBI グローバル・ダイバーシファイド（円ベース）　国内 REIT：2003 年 3 月以前は SMTRI J-REIT、2003 年 4 月以降は東証 REIT　外国 REIT：S&P 先進国 REIT（除く日本、円ベース）

・4 資産分散：国内株式、外国株式、国内債券、外国債券を均等保有したポートフォリオ、毎月末リバランス
・6 資産分散：国内株式、外国株式、新興国株式、国内債券、外国債券、新興国債券を均等保有したポートフォリオ、毎月末リバランス
・8 資産分散：国内株式、外国株式、新興国株式、国内債券、外国債券、新興国債券、国内 REIT、外国 REIT を均等保有したポートフォリオ、毎月末リバランス

なる）、上に行くほどリターンが高くなります。

この図をみると、**4資産の組み合わせよりも6資産の組み合わせが、6資産の組み合わせよりも8資産の組み合わせのほうが、リスク・リターンともに高くなっていく**のがわかります。

◆リスクコントロール型

配分を固定せず、例えば、リスク（価格の変動幅）を一定に抑えるために、市場動向に応じて投資資産の組入比率を機動的に変更する「リスクコントロール型」もあります。

リスクコントロール型の場合、「基準価額の目標変動リスク値を年率5％程度以下となることを目指す」など、具体的な数値が記載されている場合が多いです。**リスク限定、つまり下値が限定される代わりに、値上がりも抑えられるということは押さえておきたい**ところです。

◆ターゲットイヤー型

企業型ＤＣやｉＤｅＣｏなどでも導入されているのが「ターゲットイヤー型」です。

これは、将来のある時点をめざして株式などの比率を一定のルールに沿って「自動的に」引き下げていく商品。例えば、退職する年のように、あらかじめ目標とする年（ターゲット・イヤー）を決めて運用を行います。「○○２０３５」「○○２０４０」など、ターゲットとなる年を記載した商品が多くあります（何年代生まれの人向けといった記載のものもあります）。

時間の経過とともに、株式中心の積極的な運用から債券中心の保守的な運用へ、少しずつ資産配分を変えて運用を行います。自分で資産配分を変更する手間を省けるのがメリットですが、運用面では固定配分のバランス型を持つのとさほど変わらないという分析もあります。

わかりやすさを求めるなら、運用管理費用（信託報酬）の低い、固定配分のバランス型を選択するのが無難です。

バランス型投信はリスク（＊）の数値を必ず確認しましょう。そういう意味では、バランス型投信に関しても、インデックスファンドと同様、過去の運用実績があるものの中から選びたいところです。

＊過去にどのくらい価格が変動したかを数値（リスク・標準偏差）でチェックしておきましょう。数値の２倍は上下に価格が変動するというふうにイメージしてください。

◆過去に積み立てをしていたらどうなっていたか？

では、過去に世界の株にまとめて投資をしていたら、どうなっていたでしょうか。

１９９７年９月末から２０１７年９月末まで、３つの組み合わせ（①日本を含む全世界株式１００％、②日本株50％と先進国株50％の組み合わせ、③日本株40％と先進国株40％と新興国株20％の組み合わせ）で、毎月３万３０００円ずつ積み立てを行ったとします。つみたてＮＩＳＡの非課税期間は最長20年なので、20年前からコツコツ積み立て投資を行ってきたイメージです。

結果はどうなったでしょうか。図３－10をご覧ください。毎月３万３０００円を20年間積み立てると、投資元本は７９２万円になります。それぞれの組み合わせで積み立て投資を行った結果は次のとおりです。

3-10 世界株を2017年9月まで20年積み立てていたら

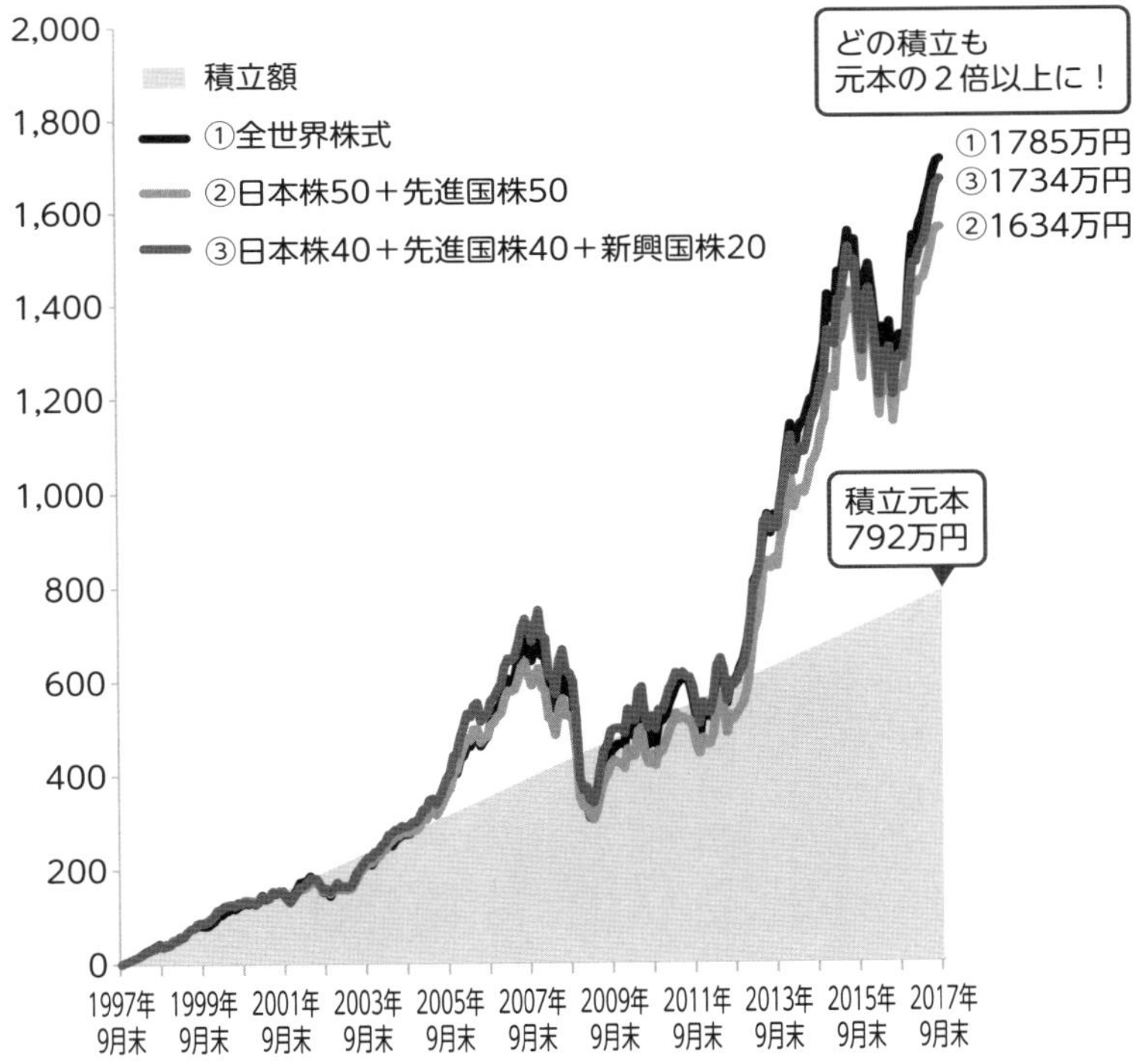

<出所>ファクトセット、ブルームバーグのデータをもとに、ステート・ストリート・グローバル・アドバイザーズが作成

シミュレーションの前提条件：・日本を含む全世界株＝MSCI ACWI、日本株＝TOPIX、先進国株＝MSCI-KOKUSAIインデックス、新興国株＝MSCIエマージング・マーケット・インデックスを使用（円建て、ヘッジ無し、税引前配当込）
・毎月3万3000円の積立額
・2017年9月末までの20年積み立て（月末積立、240回）
・年1回リバランス（9月末）、コストは考慮せず

①日本を含む全世界株式100％　↓1785万円（年率約5・7％）
②日本株50％と先進国株50％　↓1634万円（年率約4・7％）
③日本株40％と先進国株40％と新興国株20％　↓1734万円（年率約5・3％）

組み合わせによって値動きは異なりますが、いずれも積み立て総額の2倍以上にふえたことになります。もっとも、グラフをみると、長期的に資産は右肩上がりにふえていますが、一時的に元本を下回っている時期もありますし、資産額が大きく減った時期もありました。

また、図3－10の積み立て投資の成果はあくまでも、1997年9月末を起点として20年積み立て投資をしたときの結果です。いつでもそうなるとは限りません。

◆世界株をいろんな時期で積み立てた場合

そこで、いろんな期間の積み立て結果をみてみましょう。

まず、図3－11をご覧ください。これは世界株式（＊）に10年積み立てを行ったときのデータです。10年の区切りをいろいろ変えて検証しています。毎月1万円ずつ積み立てると、投資元本は10年で１２０万円になります。

＊世界株式：ＭＳＣＩワールド（グロス、円ベース）＝日本を含む先進国株の指数を使用。ＭＳＣＩ ＡＣＷＩでは長い期間のデータが取れないため、代用した

ヨコ軸は積み立て投資を行った期間で、例えば、「１９６９年12月末から１９７９年12月末」「１９７１年12月末から１９８１年12月末」というふうに表示しています。１年ごとに表示していて、いちばん右側の棒グラフは「２００６年12月末から２０１６年12月末」の10年間、世界株に積み立て投資をしたときの結果（評価額）を示しています。

世界株に10年間積み立て投資をしたら、１２０万円が平均すると１８５万円になりました。いちばん成績のよかった10年間では２６２万円にふえています。一方、いちばん悪かったのは金融危機のおきた２００８年までの10年間で87万円という結果でした。

ここ最近の２０１３年、14年、15年、16年末までのそれぞれ10年間の成果をみると、大きく資産はふえているのですが、２００８年に加えて、09年（１１９万円）、10年（１１８万円）、そして、11年（１０７万円）は積み立て総額を下回る結果となっています。

つまり、**株式１００％で積み立てた場合、10年ではそのときの株式市場の動向によって**

3-11 世界株式で〈10 年間〉毎月 1 万円積立投資した場合

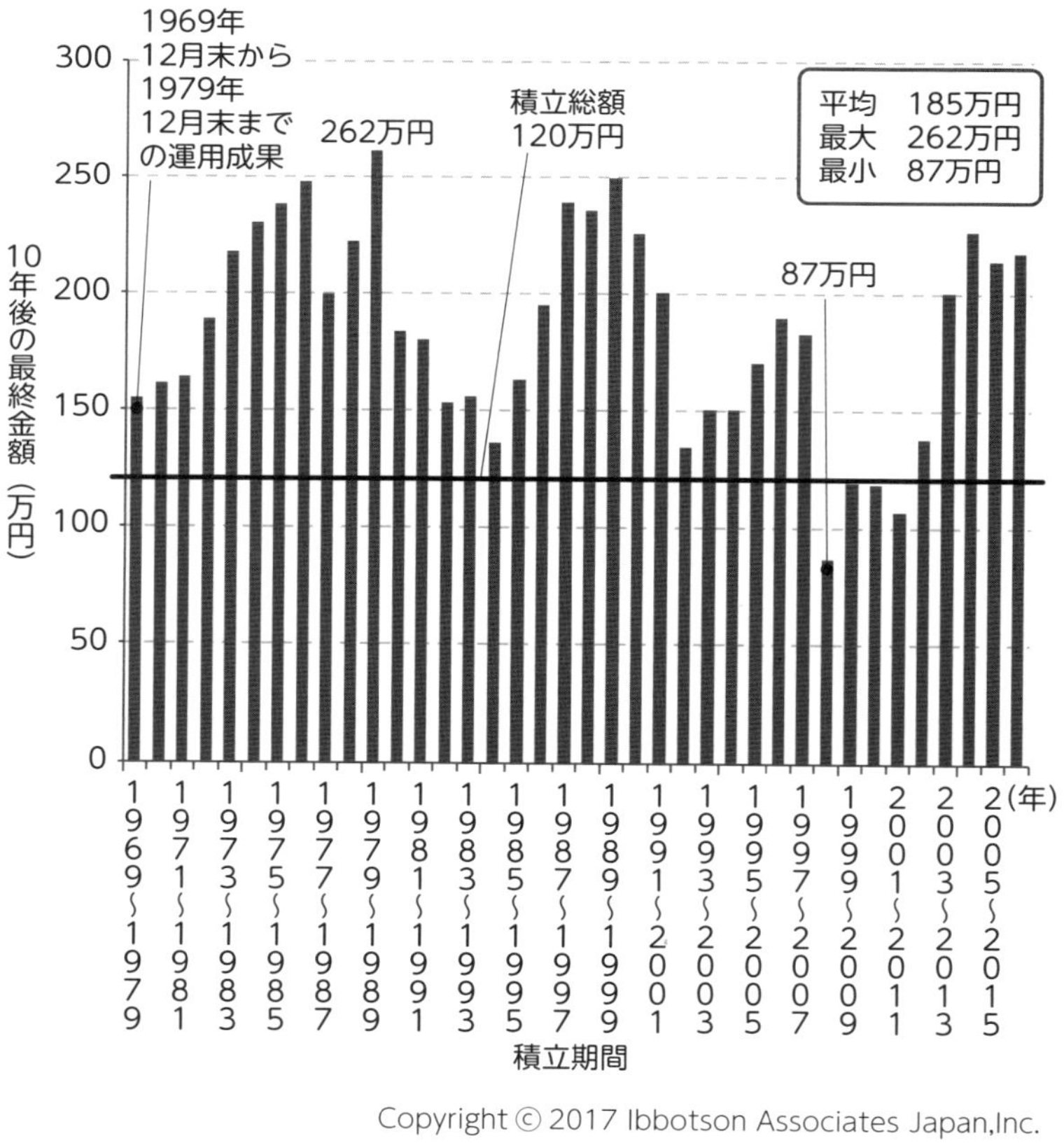

※各月末に 1 万円、世界株式に積立投資した場合の、10 年間の運用成果を示しています。
＜出所＞世界株式：MSCI ワールド（グロス、円ベース）

3-12 世界株式で〈20年間〉毎月1万円積立投資した場合

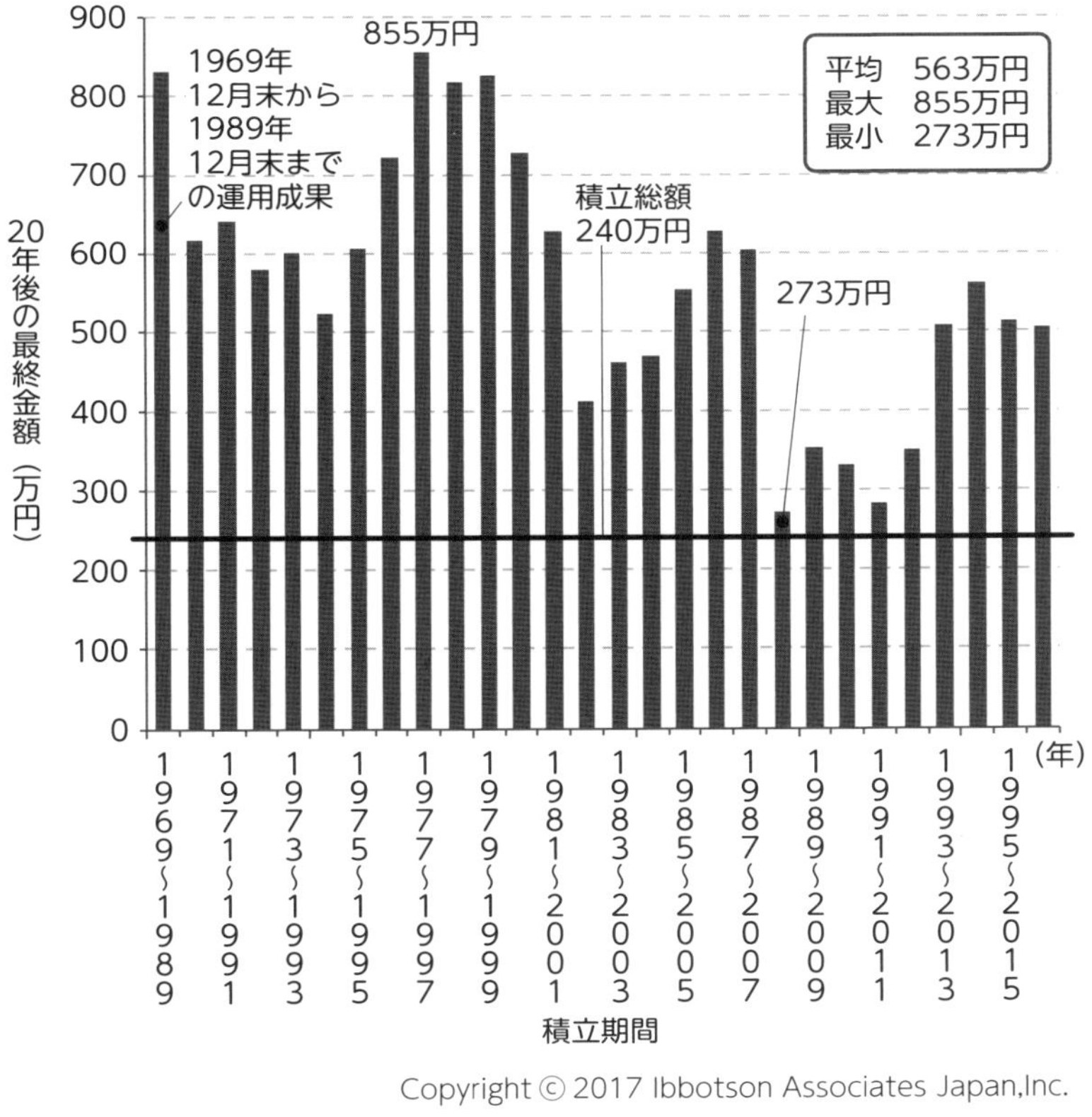

※各月末に1万円、世界株式に積立投資した場合の、20年間の運用成果を示しています。
<出所>世界株式：MSCIワールド（グロス、円ベース）

は投資元本を下回ることもそれなりにある、ということです。

それでは、期間をもう少し長くして、20年間、同じように、世界株を積み立てたとしたら、結果はどうなっていたでしょうか。141ページ図3－12をご覧ください。

毎月1万円ずつ積み立てると、投資元本は20年で240万円です。いちばん成績のさえない2008年までの20年間でみても運用成績はプラスで、273万円になっていました。**平均すると、積み立てたお金の総額である240万円が563万円にふえているという結果になりました。**あくまでも過去の結果ではありますが、少しは勇気づけられるのではないでしょうか。

◆4資産に分散していろんな時期で積み立てた場合

では、株式だけではなく、債券を併せて持つとどうなるでしょうか。こちらは日本株式・債券、外国株式・債券の4つの資産に均等に分散して積み立てたケースです。まずは10年間積み立てた場合をみてみましょう（図3－13）。

毎月1万円ずつ積み立てると投資元本は120万円です。10年積み立てると、120万円が平均して167万円になりました。最もふえた10年では120万円が227万円にな

3-13 4資産分散で〈10年間〉毎月1万円積立投資した場合

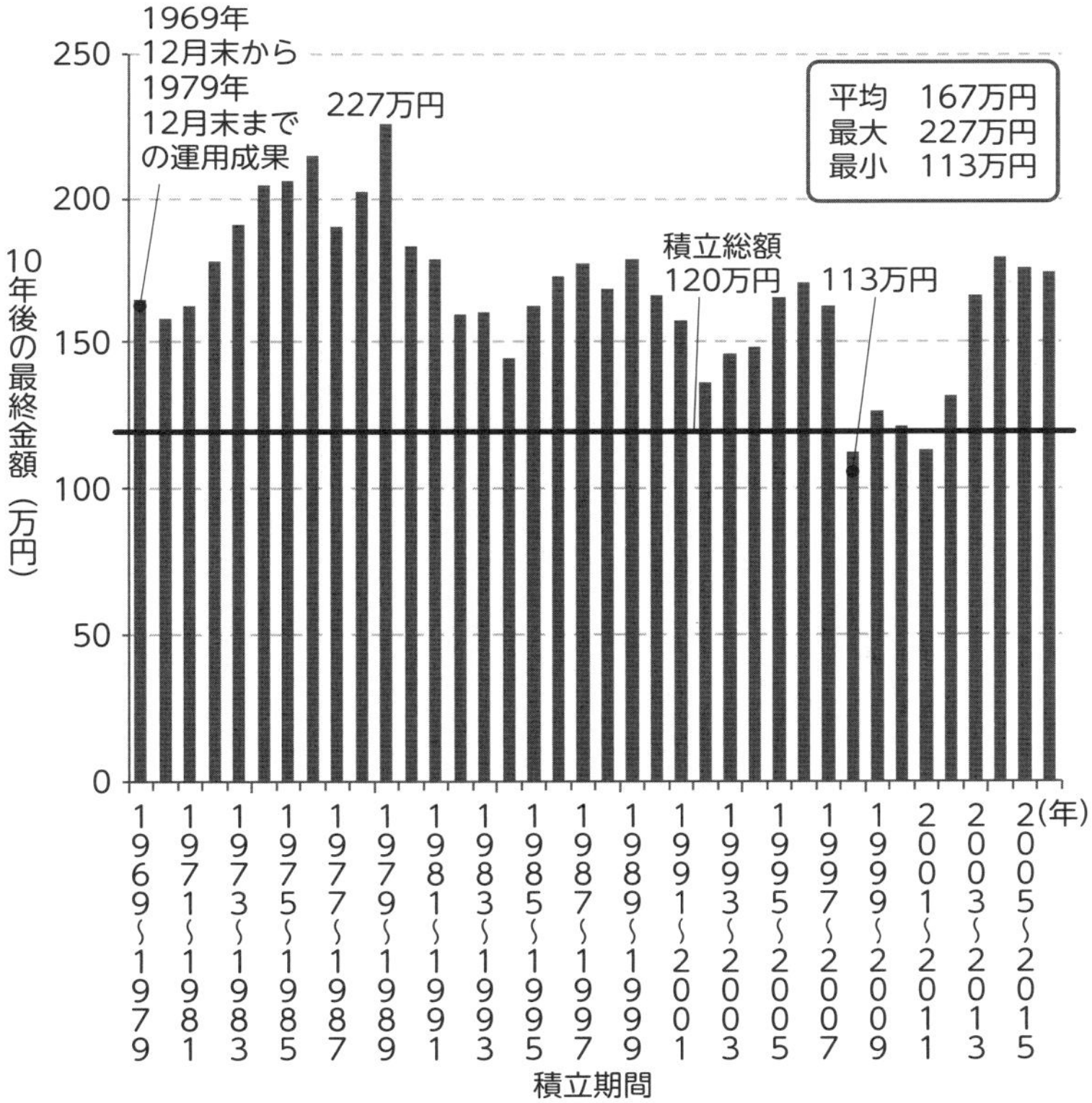

※各月末に1万円、4資産分散ポートフォリオに積立投資した場合の、10年間の運用成果を示しています。
投資比率は毎月末にリバランスしています。

＜出所＞4資産分散ポートフォリオは146ページ参照

っています。

ただ、4つの資産に分散して積み立てても、金融危機のおきた2008年（113万円）、そして、2011年までの10年間をみるとわずかに投資元本を下回っています。

では、20年間、同じ条件で積み立てたとしたら、結果はどうなっていたでしょうか。今度は図3－14をご覧ください。

毎月1万円ずつ積み立てると、投資元本は20年で240万円です。いちばん成績のさえない年は2011年までの20年間で283万円でした。平均すると、積み立てたお金の総額である240万円が466万円にふえているという結果になりました。

このように、**20年という単位でみると、4つの資産に分散して積み立てるよりも、世界株式に投資をしたほうがお金がふえていることがわかります。**一方、10年という単位でみると、4つの資産に分散したときに比べて、株式だけに投資したほうが投資元本を下回った回数も多いし、減る金額も大きくなります。

こうした特徴を理解した上で、自分が運用できる期間などを考えて積み立てていく商品

3-14 4資産分散で〈20年間〉毎月1万円積立投資した場合

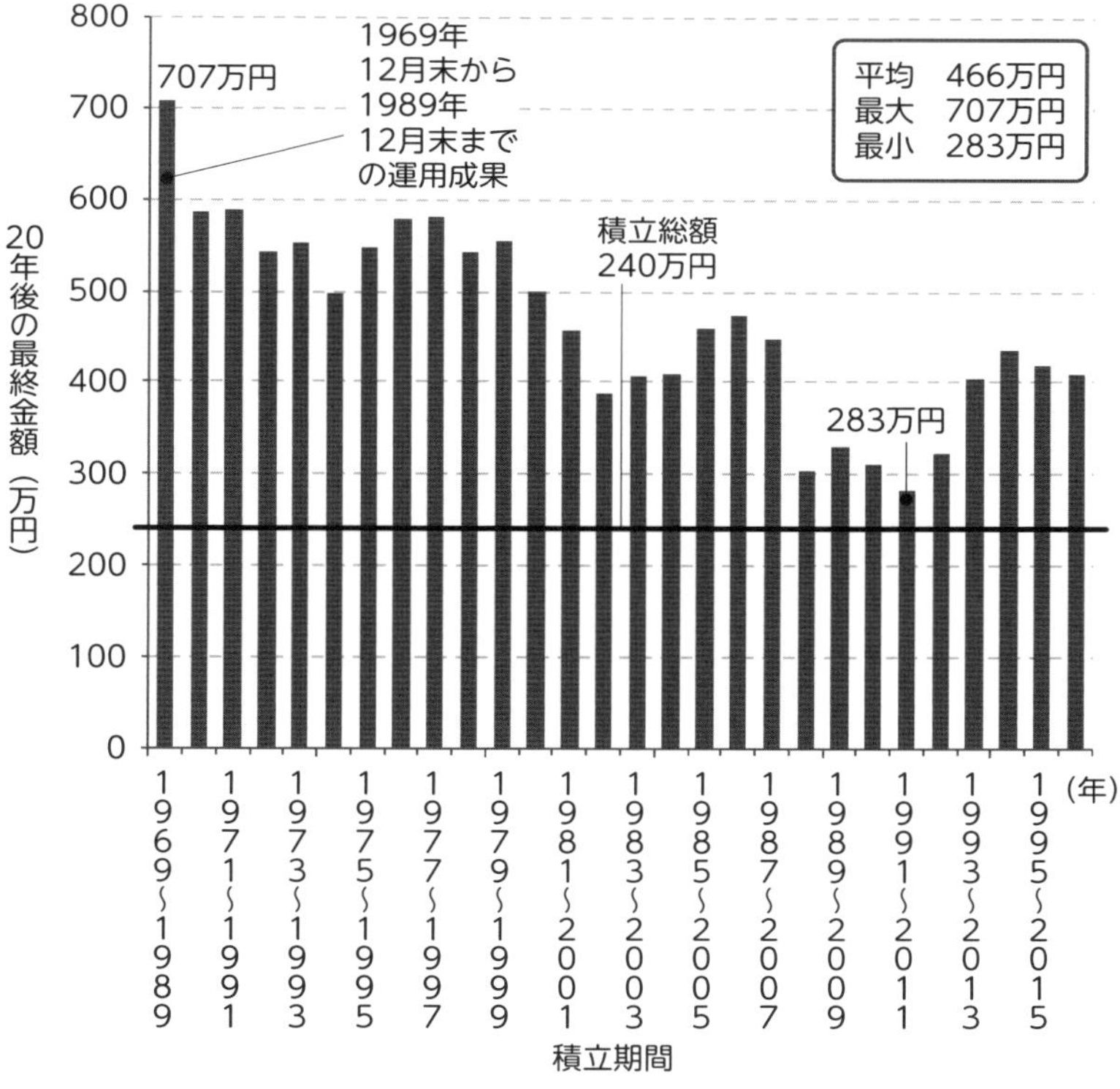

※各月末に1万円、4資産分散ポートフォリオに積立投資した場合の、20年間の運用成果を示しています。
投資比率は毎月末にリバランスしています。

＜出所＞ 4資産分散ポートフォリオは146ページ参照

を検討しましょう。

〈4資産分散ポートフォリオ〉国内株式、国内債券、外国株式、外国債券の4資産に25％ずつ投資したポートフォリオ。
国内株式：東証一部時価総額加重平均収益率、国内債券：野村BPI総合、外国株式：MSCIコクサイ（グロス、円ベース）、外国債券：1984年12月以前はイボットソン・アソシエイツ・ジャパン外国債券ポートフォリオ（円ベース）、1985年1月以降はシティ世界国債（除く日本、円ベース）

◆積み立て開始時の価格変動は受取額にそれほど影響を与えない

つみたてNISAは毎月などの定額購入が前提で、非課税期間は最長20年と長いものです。積み立てを始めた当初は金額も少なく、価格が変動しても金額もそれほど大きくないので、将来的な受取額に与える影響はそれほど大きくありません。

また、買う時期も分散されるので、始めるタイミングに悩むよりも、コツコツと元本を積み上げていくほうが重要。「いつ始めよう」と悩むよりも、なるべくはやめにスタートすることを心がけましょう。

一方、**運用してきたお金を受け取る直前の価格は受取額に大きく影響します。**積み立て投資はあとになるほど元本も積み上がってきますから、価格の変動に対するインパクトも大きくなるためです。そのため、いつまで運用するかを含めて、出口を考えておく必要があります。

◆一般NISAはどうしたらいいか？

つみたてNISAでは、個別株や大部分のETF（上場投信）などには投資できないので、非課税口座を使って株式投資をしたい人はおのずと一般NISAを使うことになります。

「資産形成の土台づくりとして、すでにインデックスファンドを組み合わせて運用している」とか「一般NISA枠ではもっとアクティブに運用したい」など、運用方針が固まっていれば、一般NISA枠を積極的に利用するのも選択肢の1つと考えます。確定拠出年金（iDeCoや企業型DC）では個別株への投資はできないので、DCでは投資信託、一般NISAでは個別株という使い分けも可能です。

ただ、一般NISAでは、つみたてNISA同様、一度売却したら、「その枠は再利用できない」というルールがあり、短期の売買には向きません。そのため、株を購入するなら、例えば、長期的に成長しそうな会社を割安のときに買う、あるいは「安定して高い配当金が見込める企業に投資する」など、中長期で保有できる企業を選びたいものです。

例えば、高配当の株を持っている場合、可能な限りロールオーバーをすれば、その間は税金を引かれずに配当を受け取ることができます。

制度改正により、一般NISAでは非課税期間終了時に年間投資上限額120万円を超えた分も含めてすべてロールオーバー（翌年の新たな非課税投資枠への移管）ができるようになりました。

これまで一般NISA枠で年間40万円を超えて株式や投資信託を購入していた人は、そのまま一般NISA枠を活用して可能な限りロールオーバーをしていくという選択肢も十分考えられます。

◆出口をしっかり考えておく

ただし、一般NISAを選択すると、長期で株式や投資信託を利用したい人にとってはロールオーバー問題がずっとついてまわります。投資信託の積み立てを行う場合、**積み立てを始めてから5年が経つと、その後は毎年、毎年、非課税期間終了時にロールオーバーをするか否かを考え、手続きをし続ける必要があります。**非課税期間終了時に指示・手続きをしないと、課税口座（特定口座）に移されてしまうからです。

非課税期間の5年を超えて投資を続けようと思っている場合には、5年後にどうするかを考えておく必要があるでしょう。

こうしたことは一般NISAの非課税期間が恒久化されたら考えなくてもいい話です。あれこれ出口を考える必要がないような、シンプルな設計（制度・非課税期間の恒久化、NISA口座内で預け替えができるようになるなど）に変わっていくことを期待します。

◆押さえておきたいこと3つ

本章では、つみたてNISAや一般NISAの活用法についてみてきました。最後に、つみたてNISAを活用する上で覚えておいてほしいことを3つ挙げます。

(1) 俯瞰《ふかん》する

つみたてNISAや一般NISAだけではなく、俯瞰して、金融資産全体をみるクセをつけましょう。制度ごとに商品を決めるというよりは、金融資産全体でバランスをとる、という発想が大事です。

(2) 続けること

つみたてNISAでは、幅広く分散された商品をコツコツ「継続的に」買っていき、長く保有することを心がけましょう。暴落のときにあわてて「積み立てをやめない」「解約しない（損を確定しない）」ことが大切です。長い目でみてください（もちろん、解約することもできますので、お金が必要になったときには解約してもかまいません）。

（3）ベストよりベターを

つみたてＮＩＳＡの活用例についてお話ししてきましたが、唯一の正解はありません。繰り返しになりますが、その人の属性や背景によって、つみたてＮＩＳＡとの付き合い方は異なります。自分にとってベターな活用法を考えましょう。

例えば、すでに投資をしている方で個別の株式を買いたい人は一般ＮＩＳＡでよいでしょうし、つみたてＮＩＳＡの対象となっていない投資信託を買いたい人は一般ＮＩＳＡや特定口座で購入するという選択肢もあります。自営業の人で「節税しつつ老後資金づくりを優先したい」という人はまずはｉＤｅＣｏ（個人型確定拠出年金）からスタートしてもかまいません。

商品も同じです。一番運用成績の良い投資信託はどれか、一番保有コストが安いインデックス投信かを「今」考えてもわかりません。将来の成績は予測できませんし、将来的に運用管理費用（信託報酬）を引き下げる投信もあるでしょう。長い間、運用を継続していく中で、それはあとから結果としてわかることです。**大事なのは、ベストを追い求めて何もしないことではなく、いまベターだと思うものを選んで、始めてみることです。**

コラム　リスクってなんだ!?

投資するとき使われるリスクというのは、「その商品はどのくらい価格が変動する可能性があるか」を示すものです。「リスク（標準偏差）」は数値で示され、この数値が大きいほど、「価格の値動き」が大きいことを示しています。ですから、価格が大幅に下がる場合だけでなく、価格が大幅に上昇する場合も、リスクが大きいということになります。逆に、大きく下がらないけれど、大きく上がることもないものはリスクが小さい（値動きの幅が小さい）ということになります。

たとえば、過去の投信の運用実績の「リスク」というところをみると、「10」とか「20」というように数値が書いてあります。この数値をみるとその投信の価格がどの程度動くのかを大まかにイメージすることができます。

国家公務員の年金を運用する、国家公務員共済組合連合会（KKR）が出している、各資産の期待リターンとリスクの数値をもとに軽いイメージトレーニングをしてみましょう。投資したときの損益は95％の確率で「リターン±リスク×２倍」の範囲におさまるといわれています。ざっくり計算してみると、次ページのグラフのようになります。

たとえば、外国株式（※）の期待リターンは4.2％、リスクは19.5％となっています。ちょっとむずかしいのですが、外国株式に投資をすると長い目でみると4.2％程度の収益が期待できるけれど、短期的には上にも下にも19.5％の２倍（39％）変動する可能性があるということ。つまり、－34.8％から＋

43.2％の幅で変動するという意味です。かなり大きく上下に動くのがわかります。

逆に、国内債券は－2.8％～5.2％の幅で変動するイメージです。期待される収益はそれほど高くありませんが、リスクも小さいので、収益のブレ幅も小さくなります。要するに、大きくは儲けられない代わりに、大きく損をする可能性も低いということです。

数値をみて、リスク×2倍くらいは上にも下にも動くのだな、とイメージできるようになるといいですね。

リスクをグラフ化するとイメージしやすい

	期待リターン	リスク
国内債券	1.2%	2.0%
国内株式	4.2%	18.4%
外国債券	1.1%	10.0%
外国株式	4.2%	19.5%

95％の確率でこのくらいの幅でおさまる！

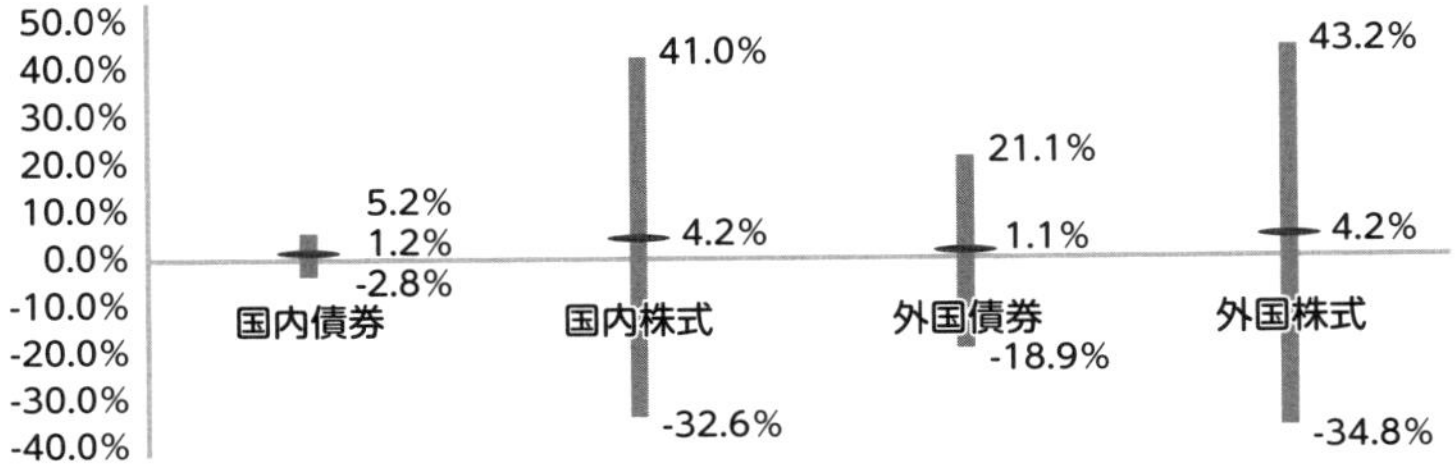

出所：第7回年金積立金管理運用独立行政法人の運営の在り方に関する検討会（平成22年5月17日）、「国家公務員共済組合連合会（KKR）運用基本方針策定について」
※ MSCIコクサイ・インデックスという22カ国の先進国の株式市場をカバーする指数を使用

第4章

案外重要！
金融機関選びのポイント

◆NISAの口座はどうやって選べばいいの？

つみたてNISA枠または一般NISAの枠で金融商品を購入するには、金融機関をひとつ選択してNISA口座を開設する必要があります。金融機関を変更することはできますが、1年に使える金融機関は1つだけです。

NISA口座を開設できるのは、証券会社やネット証券、銀行（都市銀行や地方銀行など）、信用金庫、投資信託を直接販売している運用会社などです。購入したい商品が決まったら、たくさんの販売金融機関の中から、どこを選んだらよいでしょうか。第4章では金融機関の選び方をみていきましょう。

◆つみたてNISAで押さえたい3つのポイント

まずはつみたてNISAを利用する場合です。

図4－1に、金融機関選びのポイントをまとめました。

4-1 金融機関選びのポイントは？

①購入できる商品：本数は何本？
商品はなにがある？

②積立金額：いくらから積み立てできる？

③積み立ての設定：どのくらいの頻度で積み立てできる？
ボーナス時に増額できる？

ひとつ目はその金融機関で購入できる商品です。

第1章でつみたてNISAの対象となる投資信託やETFは一定の条件を満たしたものに限定されているというお話をしました。対象商品が絞られているため、「どの金融機関でも対象商品はすべて買える」と思っている方も多いのですが、それは誤りです。

金融機関によって、実は取り扱う本数や商品は大きく違います。

取り扱う投資信託の本数は二極化傾向にあります。例えば、対面で販売を行う証券会社や銀行などは3～12本程度に本数を絞り込んでいます。一方、ネット証券では20本から1

00本を超える投信を取り扱っています。

2つ目は最低積立金額と単位です。 例えば銀行では月1万円以上とする例が多いですが、みずほ銀行やゆうちょ銀行は1000円以上となっています。ネット証券のSBI証券や楽天証券、マネックス証券は100円からの積み立ても可能です。

また、つみたてNISAでは年間40万円を積み立てる月数で割った金額が月々の上限となりますが、金融機関によっては毎月の積立額は3万3000円以下というように端数を認めないところもあります。

3つ目は積み立ての設定ができる頻度です。

つみたてNISAは一定額ずつ投資信託を積み立て方式で購入していきます。毎月の積み立てが一般的ですが、それ以外にも、毎日や毎週、隔月、年2回（ボーナス時）など、設定できる頻度は金融機関によって違います。ボーナス時期に自動で積立額が増やせるか、といった対応も異なるので、ご自身が積み立てを続けやすい設定になっているかを確認しておきましょう。

160ページからの図4－2から図4－5に、主要な金融機関のつみたてNISAの取り組み状況をまとめました。図4－2はネット証券、図4－3は銀行、図4－4は対面証券、そして、図４－５は直販の投資信託運用会社です（取扱い商品については２０１７年12月20日時点のものです。最新の情報は会社のホームページでご確認いただくか、モーニングスターの「つみたてＮＩＳＡ総合ガイド」をご参照ください）。

ネット証券の中で、１６０～１６１ページに記載のないカブドットコム証券は２０１８年８月からつみたてＮＩＳＡに対応しています。また、投信の直販を行う運用会社でも、さわかみ投信は当面つみたてＮＩＳＡへの対応は行わないそうです。

図では３つのポイント以外にも、投資家さんが気になる部分をまとめました。

例えば、投資信託のうち「分配金再投資コース（累積投資コース）」を選択した場合に、分配金がどの口座で再投資されるのかは金融機関によって異なります。

「最初から課税口座で再投資」「40万円の枠まで『つみたてＮＩＳＡ』勘定、40万円を超えた分は課税口座で再投資」「40万円の枠までつみたてＮＩＳＡで、40万円を超えた分は課税口座で分配金は再投資されない（受取）」と、対応はまちまちです。

	楽天証券	フィデリティ証券
	120 本	24 本
	・日本株：27 本 ・先進国株：14 本 ・新興国株：10 本 ・日本を除く世界株：3 本 ・日本を含む世界株：2 本 ・米国株：3 本	・日本株：9 本 ・先進国株：3 本 ・新興国株：2 本 ・日本を除く世界株：2 本
	・日本株：5 本 ・米国株：1 本 ・欧州株：1 本	・日本株：1 本 ・米国株：1 本 ・欧州株：1 本
	・固定配分型：43 本 ・リスクコントロール型：5 本 ・ターゲットイヤー型：5 本 ・TAA 型（＊1）：1 本	・固定配分型：5 本
	100 円以上 1 円単位	1 万円以上 1000 円単位
	あり（3 万 3333 円）＊3	あり（3 万 3000 円）
	毎月、毎日	毎月
	○（月指定なし）	×
	・銀行（76 行）＋信用金庫（一部不可あり） ・証券口座（預り金） ・楽天カード（毎月積立のみ）	・銀行（全銀協会員の金融機関全て）
	口数指定	金額指定、口数指定、全額解約から選択
	40 万円の枠まではつみたて NISA で、40 万円を超えた分は課税口座で再投資	最初から課税口座（特定口座または一般口座）で再投資
	・楽天スーパーポイントで買付が可能（2018 年春から） ・複数の投信の積立金額・分配金コースなどを一括で設定可能	

＊1　TAA 型＝タクティカル・アセット・アロケーション型。機動的に配分を変更する

＊2　次年度以降、非課税枠があらたに設定された場合は、再び、非課税口座での再投資買付となる。

＊3　年途中で設定した場合、積立可能金額の受付上限は 20 万円／1 回（年間最低 2 回の買付）、毎日積立の場合、その年の営業日数で 40 万円を按分

4-2 つみたてNISAの取り扱い商品・サービス（ネット証券編）

		SBI証券	マネックス証券
取り扱い本数		122本	97本
商品	株式投信（パッシブ）	・日本株：28本 ・先進国株：16本 ・新興国株：11本 ・日本を除く世界株：2本 ・日本を含む世界株：3本 ・米国株：3本	・日本株：24本 ・先進国株：14本 ・新興国株：9本 ・日本を除く世界株：2本 ・日本を含む世界株：2本 ・米国株：3本
	株式投信（アクティブ）	・日本株：5本 ・米国株：1本 ・欧州株：1本	・日本株：5本 ・米国株：1本 ・欧州株：1本
	バランス型	・固定配分型：41本 ・リスクコントロール型：5本 ・ターゲットイヤー型：5本 ・TAA型（＊1）：1本	・固定配分型：26本 ・リスクコントロール型：5本 ・ターゲットイヤー型：5本
金額	最低積立金額	100円以上1円単位	100円以上1円単位
	月々の上限額	あり（3万3333円）	あり（3万3333円）
頻度	設定できるのは？	毎月、毎週、毎日、年2回（ボーナス時）	毎月
	ボーナス時の増額	×	×
引落口座		・銀行97行（信金、労金を含むと345行） ・証券口座（預かり金）	・NISA口座内の預かり金
解約の指定		金額指定	金額指定・口数指定
分配金再投資コースで分配金はどこで再投資される？		・最初から課税口座で再投資 ・40万円の枠まではつみたてNISAで、40万円を超えた分は課税口座で再投資	40万円の枠までつみたてNISAで再投資。非課税枠を超えた場合、つみたてNISA内の預かり金で分配金を受け取り（課税口座で再投資買付はされない）＊2
その他		・投資枠を使い切るための「NISAぎりぎり注文」が可能 ・専用画面で複数商品の積立設定が一括でできる	

注1　DATAは2017年12月20日時点のもの。最新情報は各社HPをご参照ください。

注2　パッシブは日本株＝TOPIX、日経平均株価、JPX日経インデックス400連動型、先進国株＝MSCIコクサイ・インデックス連動型、日本を除く世界株＝MSCI ACWI（除く日本）連動型、日本を含む世界株＝MSCI ACWIおよびFTSE Global All Capインデックス連動型とした。アクティブ投信はおもな投資対象による区分。

	三井住友銀行	りそな銀行	ゆうちょ銀行
	3本	4本	8本
	・日本株：1本 ・日本を除く世界株：1本	・日本株：1本 ・先進国株：1本 ・新興国株：1本	・日本株：1本 ・先進国株：1本 ・新興国株：1本
	――――	――――	・日本を含む世界株：1本
	・固定配分型：1本	・固定配分型：1本	・固定配分型：4本
	1万円以上1万円単位	1万円以上1円単位	1000円以上1000円単位
	あり（3万円）	年間40万円以内に収まれば自由に設定できる	あり（3万3000円）
	毎月	毎月	毎月
	○ （1月と7月）	×	○ （年2回まで、あらかじめ設定した月）
	銀行（三井住友銀行）	銀行（りそな銀行）	銀行（ゆうちょ銀行）
	金額指定	金額指定／口数指定	金額指定
	再投資は選択できず受取のみ	40万円の枠まではつみたてNISAで、40万円を超えた分は課税口座で再投資	40万円の枠まではつみたてNISAで、40万円を超えた分は課税口座で再投資

4-3 つみたてNISAの取り扱い商品・サービス（銀行編）

		三菱東京UFJ銀行	みずほ銀行
取り扱い本数		12本 （対面・インターネット取扱4本、インターネット専用8本）	5本
商品	株式投信（パッシブ）	・日本株：3本 ・先進国株：1本 ・新興国株：1本 ・米国株：1本	・日本株：1本 ・日本除く世界株：1本
	株式投信（アクティブ）	・日本株：2本 ・欧州株：1本	――
	バランス型	・固定配分型：3本	・固定配分型：3本
金額	最低積立金額	1000円以上1円単位 （Eco通知利用者がインターネットバンキングから申し込んだ場合）	1000円以上1000円単位
	月々の上限額	あり（3万3333円）	あり（3万3000円）
頻度	設定できるのは？	毎月	毎月
	ボーナス時の増額	×	○ （インターネット経由でのボーナス時増額は不可）
引落口座		銀行（三菱東京UFJ銀行）	銀行（みずほ銀行）
解約の指定		金額指定、口数指定、全額解約から選択	金額指定
分配金再投資コースで分配金はどこで再投資される？		40万円の枠まではつみたてNISAで、40万円を超えた分は課税口座で再投資	最初から課税口座で再投資

注1　DATAは2017年12月10日時点のもの。対象商品についての最新情報は各社HPをご参照ください。

注2　パッシブは日本株＝TOPIX、日経平均株価、JPX日経インデックス400連動型、先進国株＝MSCIコクサイ・インデックス連動型、日本を除く世界株＝MSCI ACWI（除く日本）連動型、日本を含む世界株＝MSCI ACWI連動型とした。アクティブ投信はおもな投資対象による区分。

	大和証券
	投資信託：12 本 ETF：3 本
	・日本株：3 本 ・先進国株：2 本 ・新興国株：1 本 ・米国株：1 本
	・日本株：1 本
	・固定配分型：4 本
	・日本株：3 本
	投資信託：1000 円以上 1 円単位 ETF：1000 円以上 1000 円単位
	積立頻度により異なる＊1
	毎月、隔月、3 カ月に 1 回、4 カ月に 1 回、年 2 回
	×
	銀行（大和ネクスト銀行） 証券口座（預り金・MMF）
	口数指定
	分配金再投資コースの取り扱いなし
	ETF の積み立てが可能。 ETF の売買委託手数料は約 1.242%（＊2）

＊1　公募投信の場合、毎月だと 3 万 3333 円、隔月は 6 万 6666 円、3 カ月ごとは 10 万円、4 カ月ごとは 13 万 3333 円、年 2 回は 20 万円

＊2　「るいとう」1 売買単位の手数料で異なる

4-4 つみたてNISAの取り扱い商品・サービス（対面証券編）

		野村証券
取り扱い本数		投資信託：6本
商品	株式投信（パッシブ）	・日本株：1本 ・日本を除く世界株：1本
	株式投信（アクティブ）	・日本株：2本
	バランス型	・固定配分型：2本
	ETF	――――
金額	最低積立金額	1000円以上1000円単位
	月々の上限額	あり（3万3333円）
頻度	設定できるのは？	毎月
	ボーナス時の増額	×
引落口座		ゆうちょ銀行、銀行（JCB代行） 証券口座（MRF）
解約の指定		金額指定／口数指定
分配金再投資コースで分配金はどこで再投資される？		最初から課税口座で再投資
その他		

注1　DATAは2017年12月20日時点のもの。最新情報は各社HPをご参照ください。
注2　パッシブは日本株＝TOPIX、日経平均株価、JPX日経インデックス400連動型、先進国株＝MSCIコクサイ・インデックス連動型、日本を除く世界株＝MSCI ACWI（除く日本）連動型とした。アクティブ投信はおもな投資対象による区分。

	セゾン投信	レオス・キャピタルワークス
	2本	2本
	・日本を含む世界株：1本 （セゾン資産形成の達人ファンド）	・日本株：2本 （ひふみ投信、ひふみプラス）
	・固定配分型：1本（セゾン・バンガード・グローバルバランスファンド＊3）	――――
	5000円以上1000円単位	1000円以上1円単位
	あり （通常月は3万3000円。それを満たした上で通常月＋増額月が年間40万円以内に収まるように設定）	年間40万円以内に収まれば自由に設定できる
	毎月	毎月から年2回まで設定可
	○ （任意の月を設定可。1回のみも可）	○
	ほぼ全ての銀行 （大和ネクスト銀行、オリックス銀行、野村信託銀行、新銀行東京、SBJ銀行、一部信用組合、一部漁業協同組合除く）	銀行（全銀協会員の金融機関全て）
	金額指定／口数指定	金額指定／口数指定
	最初から課税口座で再投資	40万円の枠まではつみたてNISAで、40万円を超えた分は課税口座で再投資
	銀行でも購入できる	ひふみ投信は直販のみ。ひふみプラスは証券会社や銀行で購入できる

＊2　年の途中で変更する場合でも「毎月の購入金額×12」と「増額月の上乗せ購入金額×増額回数」の合計が40万円以下になるように設定する必要あり

＊3　株式と債券は50％の固定配分。それぞれの中身は時価総額に応じて変化する。

4-5 つみたてNISAの取り扱い商品・サービス（直販の投資信託会社編＊1）

		鎌倉投信	コモンズ投信	
取り扱い本数		1本	1本	
商品	株式投信（アクティブ）	・日本株：1本 （結い2101）	・日本株：1本 （コモンズ30ファンド）	
	バランス型	――――	――――	
金額	最低積立金額	1万円以上1円単位	3000円以上1円単位	
	月々の上限額	あり（3万3333円）＊2	なし （登録時に年間40万円を超えていないか確認）	
頻度	設定できるのは？	毎月	毎月	
	ボーナス時の増額	○ （年2回まで任意設定可）	○ （年2回まで任意設定可）	
引落口座		銀行（125行） その他、信金、信組、労金、漁協などに対応	銀行（125行） その他、信金、信組、農協などに対応	
解約の指定		金額指定	金額指定	
分配金再投資コースで分配金はどこで再投資される？		40万円の枠まではつみたてNISAで、40万円を超えた分は課税口座で再投資	40万円の枠まではつみたてNISAで、40万円を超えた分は課税口座で再投資	
その他		直販のみ	証券会社や銀行でも購入できる	

注1　DATAは2017年12月20日時点のもの。最新情報は各社HPをご参照ください。
注2　アクティブ投信はおもな投資対象による区分
＊1　直販というのは投資信託を運用する会社が販売会社を通さずに、直接投資信託を販売する形式をとっていること。

◆一般NISAは取り扱い商品、コスト、利便性を加味して選ぶ

次に、一般NISAを利用する場合です。

一般NISAの対象になるのは、

- 上場株式
- 外国上場株式
- 株式投資信託
- 外国籍株式投資信託
- 上場投資信託（ETF）
- 上場REIT（不動産投資信託）

ですが、金融機関によって取り扱いは異なります。

国内の株式投資信託についてはどの金融機関でも取り扱っていますが、外国籍の株式投資信託についてはNISA口座では取り扱いません。

日本株や国内ETFについても、主要なネット証券会社では対応しています。カブドットコム証券はMAXIS海外株式（MSCIコクサイ）、ETF（1550）といった、売買委託手数料のかからないフリーETFを取り扱っているのが特徴です。また、SBI証券やカブドットコム証券は単元未満株の取引にも対応しています（SBI証券はS株、カブドットコム証券はプチ株という名称）。

特色があるのはSMBC日興証券。金額を指定して株を注文できる「キンカブ」という取引方法を一般NISAで採用しています。

ベテラン投資家が関心を寄せる、海外の株式・ETFを取り扱っているのはSBI証券とマネックス証券、楽天証券です。自社で取り扱う銘柄についてはほぼすべてが一般NISAでも購入できます。

手数料については、国内株の売買委託手数料や海外ETFの買付手数料の優遇（キャッシュバックキャンペーンなど）を行う金融機関もあります。これらについては「期間限定」なのか、恒久化されているのかをしっかり確認しましょう。

◆金融機関を選ぶ上での注意点

最後に、金融機関を選ぶときに注意しておきたいことを挙げておきました。

①目先のキャンペーンにつられるべからず

NISA口座（一般NISA・つみたてNISA）を開設するときに「定期預金に優遇金利を上乗せします」とか「〇〇円をキャッシュバックします」といった類のキャンペーンを行っている金融機関もあります。しかし、かりに目先の定期預金の金利が高かったとしても、それは数カ月、あるいはせいぜい1年だけのもの。NISA口座を開設する金融機関選びについては、あくまでも取り扱う商品やサービスなどをきちんと確認して、選ぶことが大切です。

②つみたてNISAをきっかけにしたセールスに注意

つみたてNISAの対象商品はノーロード（購入時手数料なし）で、運用管理費用（信託報酬）も安く証券会社や銀行は利益が少ないと言われています。そのため、窓口でコンサルティングと称して、つみたてＮＩＳＡだけでなく、外貨建て保険などに誘導しようなどと考える金融機関もないとはいえません。必要のない商品についてはキッパリ断りましょう。セールスを始めるときのきっかけにする商品（ドアノック商品）ならぬ、ドアノック制度に使われないようにしたいものです。

コラム　iDeCoとNISAをどう使い分ける？

個人が利用できる、税制優遇のある制度としては、NISA以外に確定拠出年金——iDeCo（個人型確定拠出年金）や企業型確定拠出年金（企業型DC）があります。どれか1つを使う、というよりは、組み合わせて利用するのがのぞましいです。

本文でも触れましたが、iDeCoやつみたてNISAは「運用益が非課税である」「投資信託のコストが低い」「長期で運用できる」という特徴があります。長期で効率的な運用ができるので、金融資産全体で考えると、iDeCoやつみたてNISAの口座では期待リターンの高い商品を割り振って運用するのが合理的です。

例えば、ある程度まとまったお金を定期預金に預けている、あるいは、個人向け国債（変動10年）を特定口座などで保有している人もいるでしょう。その場合、毎月のお給料の中からiDeCoやつみたてNISAに振り分けるお金はすべて株式に投資する投資信託にあてるという選択肢も十分考えられます。

ただし、つみたてNISAはいつでも換金できますし、年齢の上限もないので、「長期で運用しない可能性もある（引き出す時期が比較的近いかもしれない）」という人もいるかもしれません。株式100％で積み立てた場合、積み立てたお金が長期で大きく増える可能性は高まりますが、10年程度だと元本を割り込むこともあります。口座内で商品の預け替えができないので、人によってはバランス型で淡々と積み立てるという選択肢もあるかもしれません。

＊投信ブロガーさんの iDeCo と NISA の活用例

個人投資家さんはどのように活用しようとしているのでしょうか。金融庁主催のイベントに出席した、ブログ「低コストの投資信託で資産形成 LoLo Investors」を運営する「なるたく」さん（男性、40 代・会社員・4 人家族）が発表した iDeCo とつみたて NISA の活用法を、ここでご紹介します。

金融資産全体を考えて、どの制度で、どの商品を運用するかをきちんと考えていますし、配偶者のことも含めて家庭全体で運用方針を検討している点は参考になると思います。

なるたくさんの方針は「iDeCo とつみたて NISA のどちらも非課税で利用できる制度なので、期待リターンの高いものを優先して割り振る。妻の分も含めて、家計全体で管理する」というものでした。

目標とする資産配分は「日本株式 10％、先進国株式 40％、新興国株式 20％、先進国債券 10％、日本債券 20％」で、これを「つみたて NISA」「iDeCo」「特定口座（課税口座）」に割り振ります。

具体的な活用法は次のようになります（なるたくさんの方針と活用法を円グラフにまとめたものが、175 ページにあります）。

＜ iDeCo の活用法＞

・先進国株の低コストのインデックスファンドを 100％、毎月自動積み立てで購入していく

<つみたてNISAの活用法>

・先進国株式と新興国株式の低コストインデックスファンドを１：１で自動積み立てで購入していく
・非課税枠は大きなメリット。年間40万円の枠はすべて使う方針
・妻は積み立て投資をしていないが、つみたてNISAの活用を促したい

＊少しずつ投資を始めてみるのが大切

多くの人は、投資経験者である、なるたくさんのようにはすぐに考えられないかもしれません。もちろん、いきなりここまでできなくても大丈夫です。第３章の本文を参考にしていただきながら、金融資産全体で考えてどんな風に運用していこうか、どこで運用していこうかを少しずつ考えてみてください。まずは少額から始めてみて、一歩ずつ進んでいきましょう。

自分で考えるのがむずかしい人は、独立系のファイナンシャルプランナーに相談してもいいかもしれません。

176のページにご参考までに資産運用を考えるためのシートをつけました。自分の金融資産や運用スタイルなども含めて書き込んで、お金を「見える化」してみてみましょう。

個人投資家「なるたく」さんの活用例

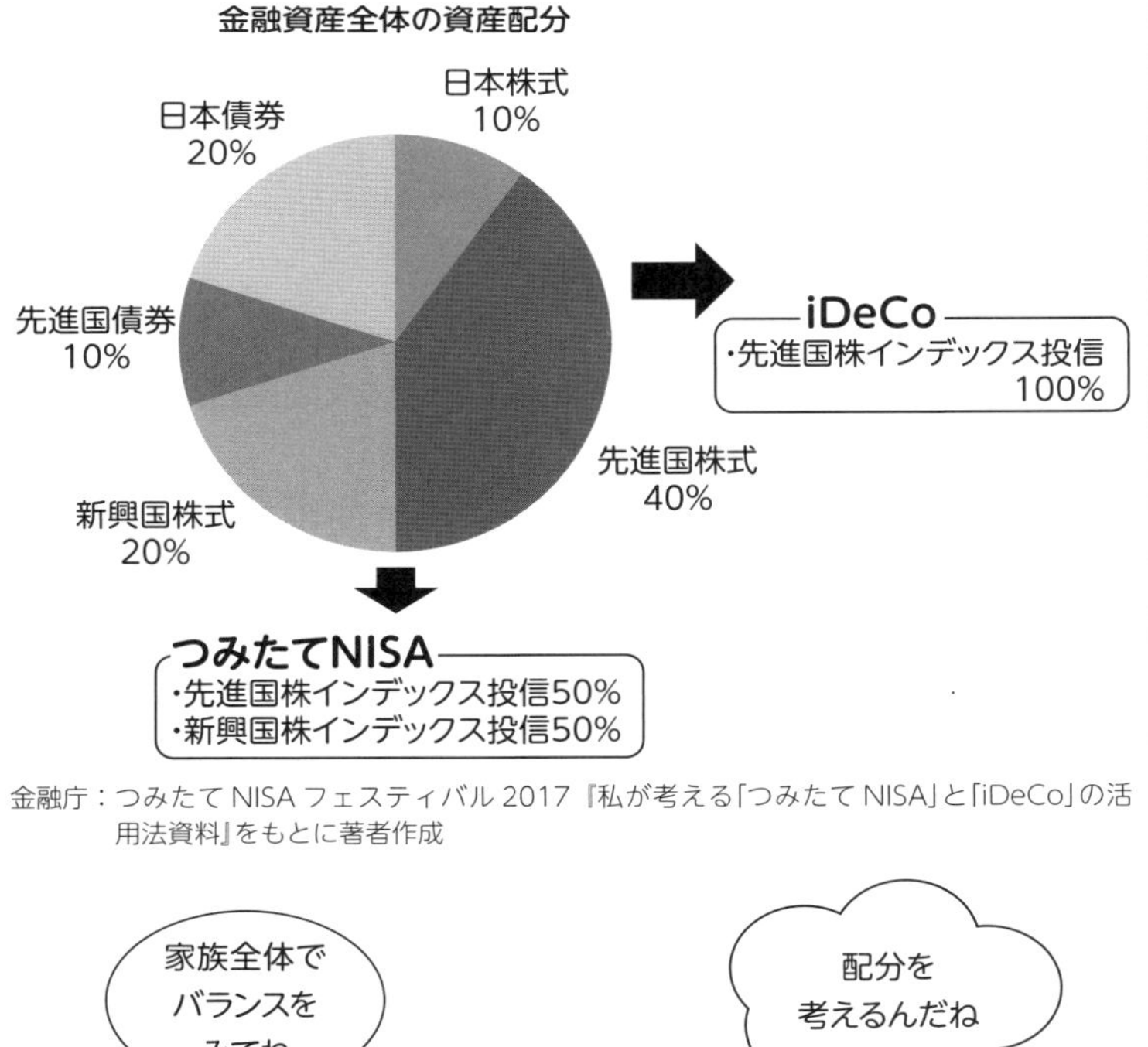

金融庁：つみたて NISA フェスティバル 2017『私が考える「つみたて NISA」と「iDeCo」の活用法資料』をもとに著者作成

どんなふうに資産を配分しますか（アセット・アロケーション）

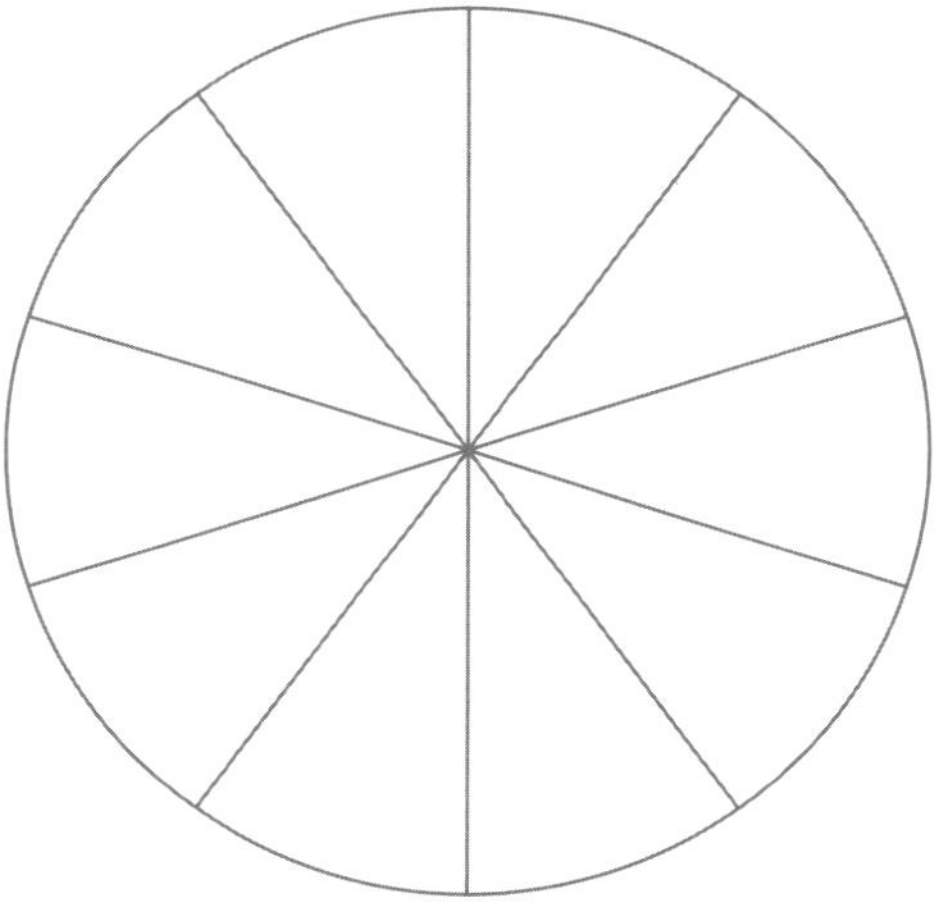

- □ 日本株式
- □ 先進国株式
- □ 新興国株式
- □ 日本債券
- □ 先進国債券
- □ 新興国債券
- □ 国内REIT
- □ 海外REIT
- □ その他

どこで（どの口座で）運用しますか（アセット・ロケーション）

	資産クラス	商品
iDeCo （個人型確定拠出年金）		
つみたてNISA （一般NISA）		
課税口座 （特定口座など）		

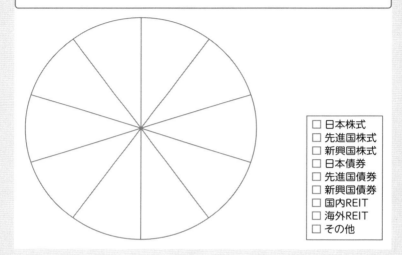

第5章

つみたてNISA
&一般NISA
丸わかりQ&A

Q1 つみたてNISAで積み立てている投資信託はいつ解約できる？

A 解約はいつでもできますが、解約した枠を再利用することはできません

つみたてNISAの非課税期間は最長20年ですが、必ずしも20年持ち続ける必要はありません。お金が必要になったら積み立てている投資信託はいつでも自由に解約することができます。その際、積み立ててきた投信を全部いっぺんに解約する必要はなく、一部だけ解約することも可能です。

ただし、第1章でも触れたように、解約すると、その投資枠を再び利用することはできません。また、解約したお金はNISA口座内からはでてしまいます。そのため、解約したお金で別の投資信託を購入するといった預け替え（スイッチング）もできません。お金を使う時期がきたら解約して引き出すのはよいですが、基本は長期でコツコツ積み立てて資産を大きく育てていくことをめざしたいものです。

5-1 全額でも一部でも解約できる

つみたてNISA

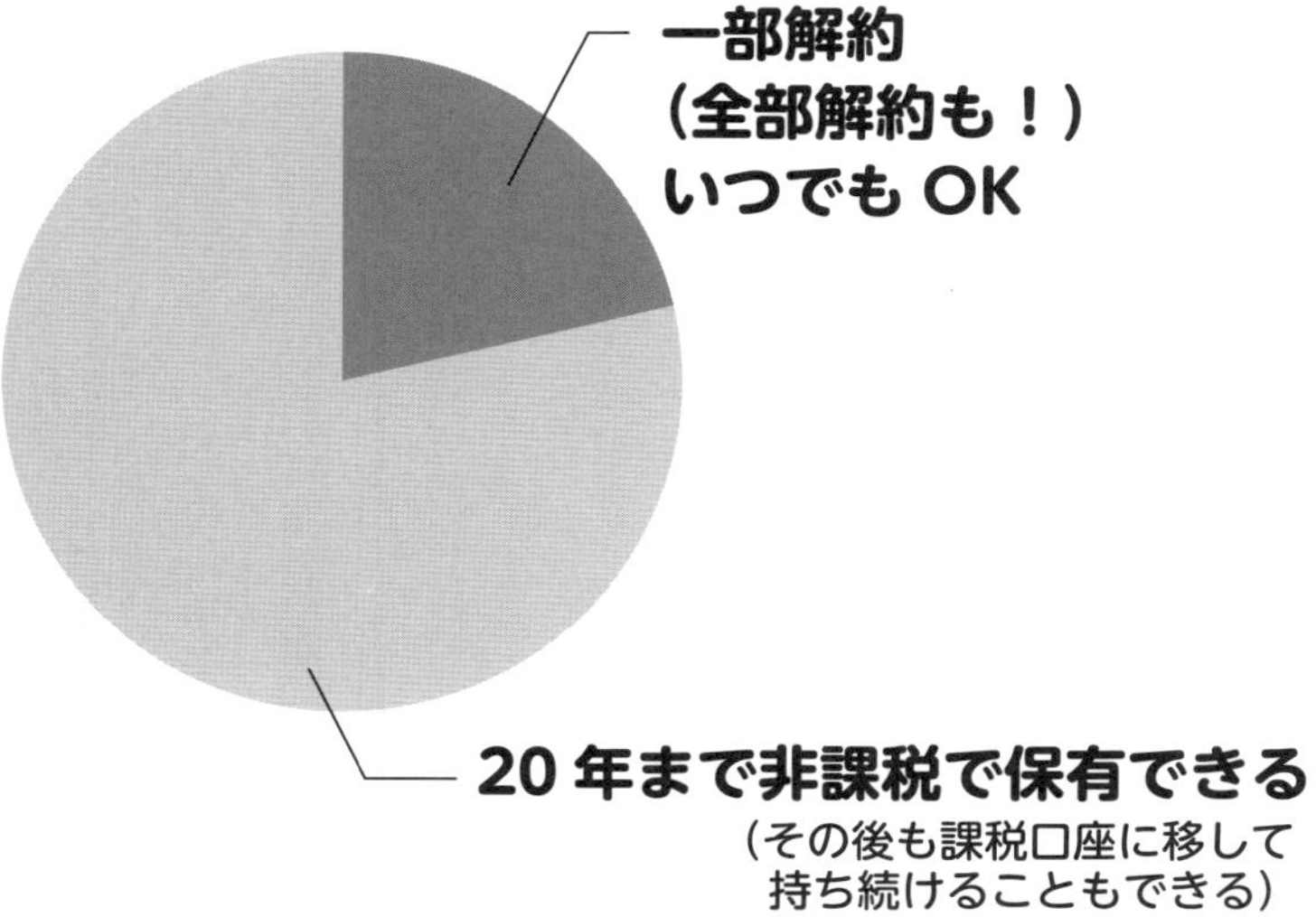
一部解約
（全部解約も！）
いつでもOK
20年まで非課税で保有できる
（その後も課税口座に移して
持ち続けることもできる）

ちなみに一般NISAも
いつでも解約できるよ！

Q2 今持っている投資信託をNISA口座（つみたてNISAまたは一般NISA枠）に入れたい！

A 「新規で買う」商品のみが対象です

現在、金融機関の課税口座（特定口座・一般口座）で保有している投資信託や株（一般NISAのみ）などをそのままNISA口座に移管することはできません。

非課税の対象となるのは、NISA口座内のつみたてNISAの枠、あるいは一般NISAの枠で、新規資金で購入した商品に限られます。

Q3 つみたてNISAと一般NISAの両方で投信を積み立てたいのですが…

A どちらかひとつを選択してください

つみたてＮＩＳＡと一般ＮＩＳＡを同じ年に一緒に使うことはできません。いずれかひとつを選択して、利用しましょう。

5-2 一般NISAを持っているときの疑問

今、一般NISAで投信を
200万円分持っているんだけど…
つみたてNISAに移したいな
ダメです

一般NISA枠で買った
投信を保有したまま、
新しくつみたてNISAを
始められる?
OKです

Q4 つみたてＮＩＳＡでは、自分で好きな時に投資信託を買えますか？

A 買えません。定期的に継続して積み立てることが必要です

つみたてＮＩＳＡでは、年間の非課税投資枠（40万円）の範囲内で「定期的に」「継続して」商品を購入していく必要があります。ですから、「自分でタイミングをみて毎月買う」「年に2回好きな時期に買う」ということはできません。

毎月一定額ずつ積み立てるというのがオーソドックスな方法ですが、それ以外にも、毎日、週に1回（特定の曜日）、隔月、年2回といった頻度で積み立てを行ってもＯＫです。また、毎月の積み立てに加えて、ボーナス時に積立額を増額できる金融機関もあります。

ただし、積み立ての設定ができる頻度や、ボーナス時に増額できるかどうかといった対応については金融機関によって異なります。つみたてＮＩＳＡを行う金融機関に口座を開設する前にきちんと確認しておきましょう（第４章を参照）。

Q5 1回当たりの積立額に上限はありますか？

A 年に何回積み立てるかによって決まります

つみたてＮＩＳＡでは年間40万円まで投資することができます。ですから、原則は「40万円を積み立てる回数で割った金額」が1回当たりの積立金額の上限になります。

例えば、毎月（年12回）積み立てをする場合には、1回当たりの上限額は3万3333円になりますし、年2回のボーナスの時だけ購入する場合には上限額は20万円になります。そのほか、ボーナス時に増額をする場合には、例えば「毎月2万円ずつ積み立てて、年2回のボーナス時には8万円を増額する」というような設定も可能です。

年の途中から積み立てを開始する場合には、40万円を残りの積み立て回数で割った金額が上限になります。例えば、9月から積み立てを始めて毎月積み立てる場合だと、4回積み立てができますから、40万円を4で割った10万円が上限となります。この場合、翌年は積立額を変更しないと、年の途中からつみたてＮＩＳＡの枠がいっぱいになってしまい、買付ができなくなってしまうので注意が必要です。

ただし、金融機関によっては年の途中から積み立てる場合でも1回当たりの積立額の上限を設定している会社もありますので、事前に確認をしましょう。

また、必ずしも上限額めいっぱい積み立てる必要はありません。無理のない範囲で続けることが大切です。

Ｑ６ 投資信託の分配金再投資コースを選んだ場合、分配金は再投資できますか？

Ａ できますが、購入とみなされます

年間の非課税投資枠（40万円）の範囲内であれば、つみたてＮＩＳＡで買い付けた投資信託の分配金を再投資することはできます。ただ、分配金を再投資しても、「購入」とみ

なされるため、40万円の枠を消費することになります。

また、分配金をどの口座で受け取るかは金融機関によって異なります。例えば、「40万円の枠におさまるところまではつみたてＮＩＳＡで再投資、それを超えると課税口座で再投資」という金融機関もあれば、「最初から課税口座で」というところもあります。そのあたりも確認しておくといいかもしれませんね。詳しくは第4章をご参照ください。

Q7 積み立てている商品を途中で変更することはできますか？

A はい。できます

積み立てている商品を途中で変更することはできます。

例えば、「1月から3月までＡ投信を積み立ててきたけれど、4月からはＢ投信を積み立てたい」という場合、Ａ投信の積み立てをやめて、Ｂ投信の積み立てを設定すればＯＫ

5-3　途中で積み立てる商品を変更してもOK

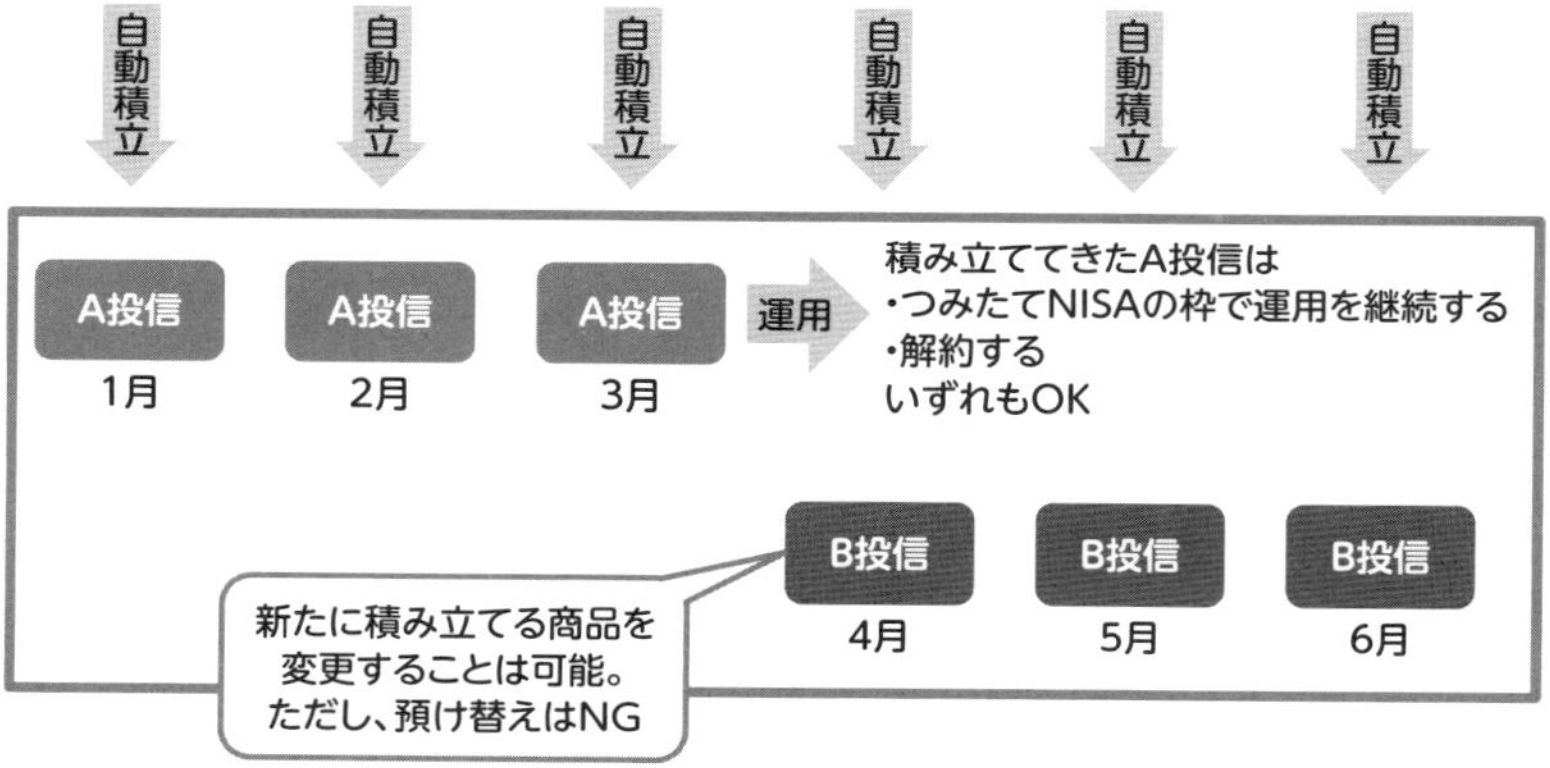

です（図5－3）。
　この時、積み立ててきたＡ投信については、そのままつみたてＮＩＳＡの枠で最長20年非課税で運用を続けることもできますし、一部またはすべてを解約して現金化することもできます。

　ただし、Ａ投信を解約した場合に、そのお金はつみたてＮＩＳＡの枠からは出てしまいます。ですからその解約したお金を使って、つみたてＮＩＳＡの枠内でＢ投信やそれ以外の投信を買う（預け替えを行う）ことはできません。

Q8 購入したい投資信託がつみたてNISAの対象かどうかわかりません

A 対象商品は金融庁のWEBサイトで公開されています

つみたてNISAの対象商品の一覧は金融庁のWEBページで公表されています。運用会社から届出があれば商品を追加し、随時更新されます。本書の巻末にもつみたてNISA対象商品一覧（2017年12月18日時点）を掲載しています。商品の追加に対応できるように「QRコード」（221ページ）もつけました。

また、モーニングスターの「つみたてNISA総合ガイド」では、対象商品のほか、金融機関ごとの取り扱い商品が掲載されています。

Q9 つみたてNISAの対象投信が条件を満たさなくなったら、売らないといけないの？

A そのまま持ち続けても大丈夫。積み立ても継続できます

つみたてNISAの対象商品は一定の条件を満たす必要があります。

例えば、指定インデックス投信以外の投信（おもにアクティブ運用の投信）には、手数料水準のほか、「純資産総額が50億円以上」「設定来、資金流入超の回数が3分の2以上」といった条件がついています。かりに、資金の流出が続いたり、株式市場が暴落して純資産総額が50億円を下回ったりしたら、どうなるでしょうか。

つみたてNISA対象商品は、運用会社が条件を満たす投資信託を金融庁に届け出るというプロセスが必要になります。この届出のときに条件をすべて満たしていれば、合格ということになります。いわば、入学試験のようなものなので、その後でかりに条件を満た

さなくなったとしても、現状ではつみたてＮＩＳＡの対象からはずされる、ということはありません。

そのままつみたてＮＩＳＡの枠で投信の積み立てを継続することができますし、非課税期間内はそのまま非課税で保有することができます。

Q10 どうしたらつみたてＮＩＳＡで投資信託の積み立てができるようになるの？

A 一般ＮＩＳＡの口座を持っていない人は口座開設の手続きをしましょう

図５－４につみたてＮＩＳＡの始め方をタイプ別にチャートにまとめました。

一般ＮＩＳＡの口座を持っていない人は、金融機関を選んで、「つみたてＮＩＳＡの口座開設届出書」と「マイナンバー」を提出すると、その年からつみたてＮＩＳＡを利用することができます。

5-4 つみたてNISAを始めるには

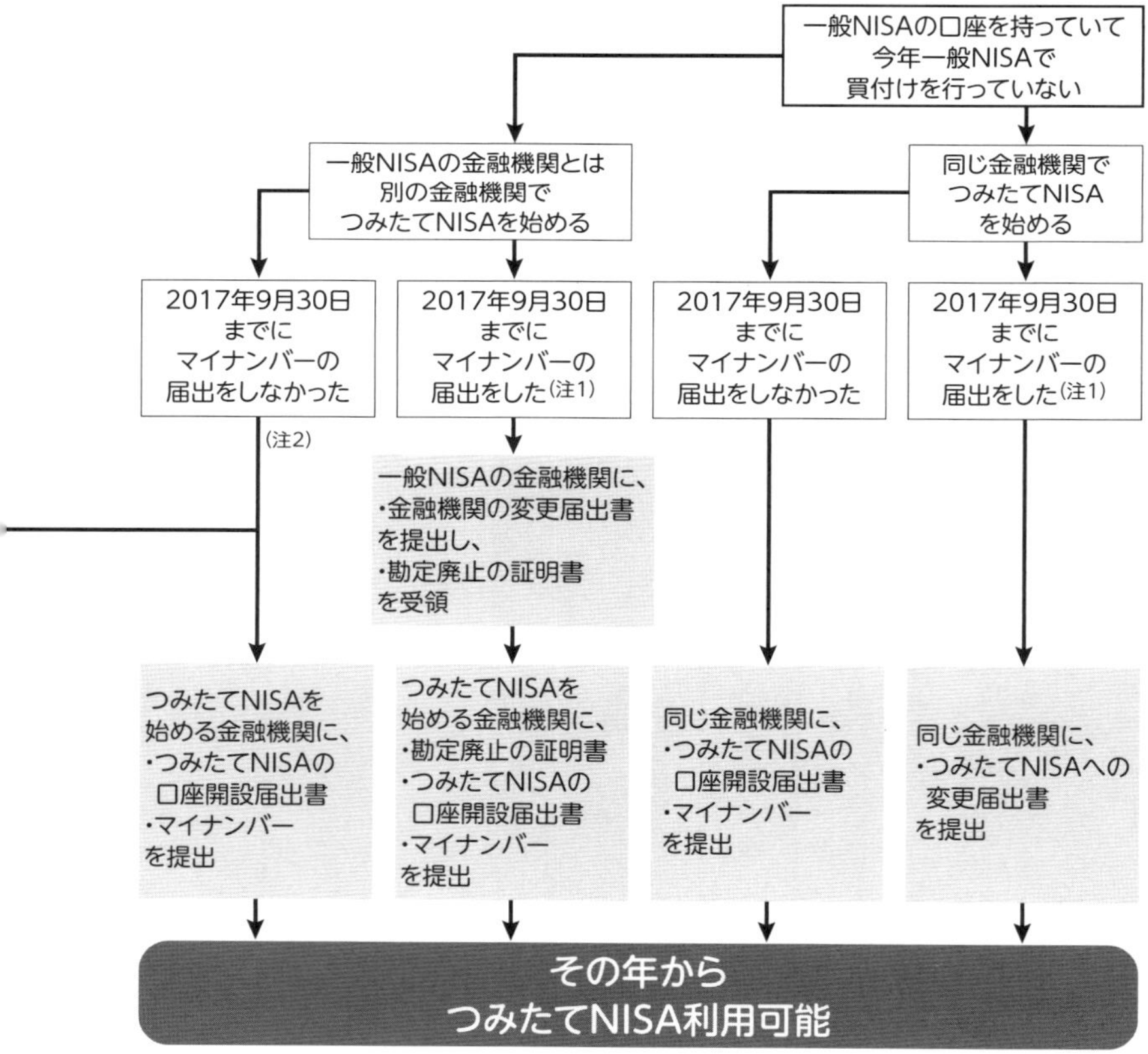

注1　租税特別措置法の規定により、その年の10月～12月に「つみたてNISA」への変更手続又は金融機関の変更手続をした場合、「つみたてNISA」で買付けできるのは翌年1月以降になります

注2　2017年9月30日までにマイナンバーの届出をしなかった方は、2018年分の「一般NISA」の口座は自動開設されていないため、「一般NISA」の口座を持っていない方と同様の手続を行ってください

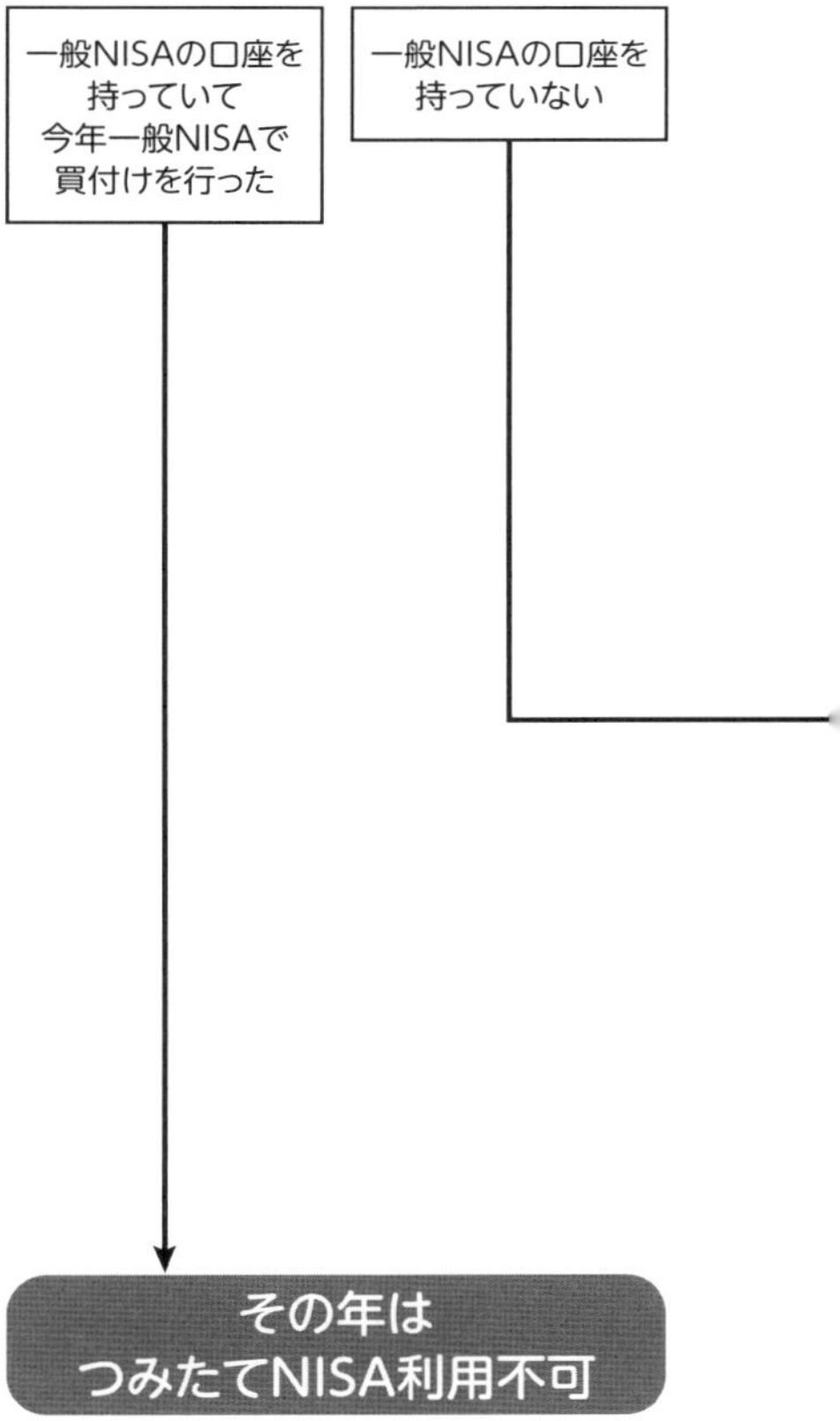
一般NISAの口座を持っていて今年一般NISAで買付けを行った
一般NISAの口座を持っていない
その年はつみたてNISA利用不可

出所：金融庁 Web サイトをもとに著者作成

すでに一般ＮＩＳＡの口座を持っていて、２０１７年9月30日までにマイナンバーを提出した人は、「つみたてＮＩＳＡへの変更届出書」を提出することで、つみたてＮＩＳＡを利用できるようになります。他の金融機関に変更したい場合には、これまで利用していた金融機関に「金融機関の変更届出書」を提出して「勘定廃止の証明書」を受け取り、新しい金融機関に「勘定廃止の証明書」も一緒に提出する必要があります。

注意したいのは、一般ＮＩＳＡを利用していて、２０１７年9月30日までにマイナンバーを提出しなかった人です。２０１８年分の一般ＮＩＳＡの口座は開設されていないので、一般ＮＩＳＡの口座を持っていない人と同じ手続きを行う必要があります。

一般ＮＩＳＡからつみたてＮＩＳＡへの変更は年の途中でも行うことはできますが、その年に1回でも一般ＮＩＳＡで買い付けを行った場合には、その年はつみたてＮＩＳＡに変更することはできません。特に一般ＮＩＳＡで投信の積み立てをしていると自動的に買い付けが行われてしまうので注意。10月から12月に「つみたてＮＩＳＡへの変更届出書」を提出すると、翌年からはつみたてＮＩＳＡが利用できるようになります。

Q 11 金融機関を変更することはできますか？

A できますが、時間と手間はかかります

一定の手続きをとれば、1年単位での金融機関を変更することはできます。

例えば、２０１８年にA証券にＮＩＳＡ口座を開設。つみたてＮＩＳＡ枠で投信を積み

5-5 金融機関の変更は可能

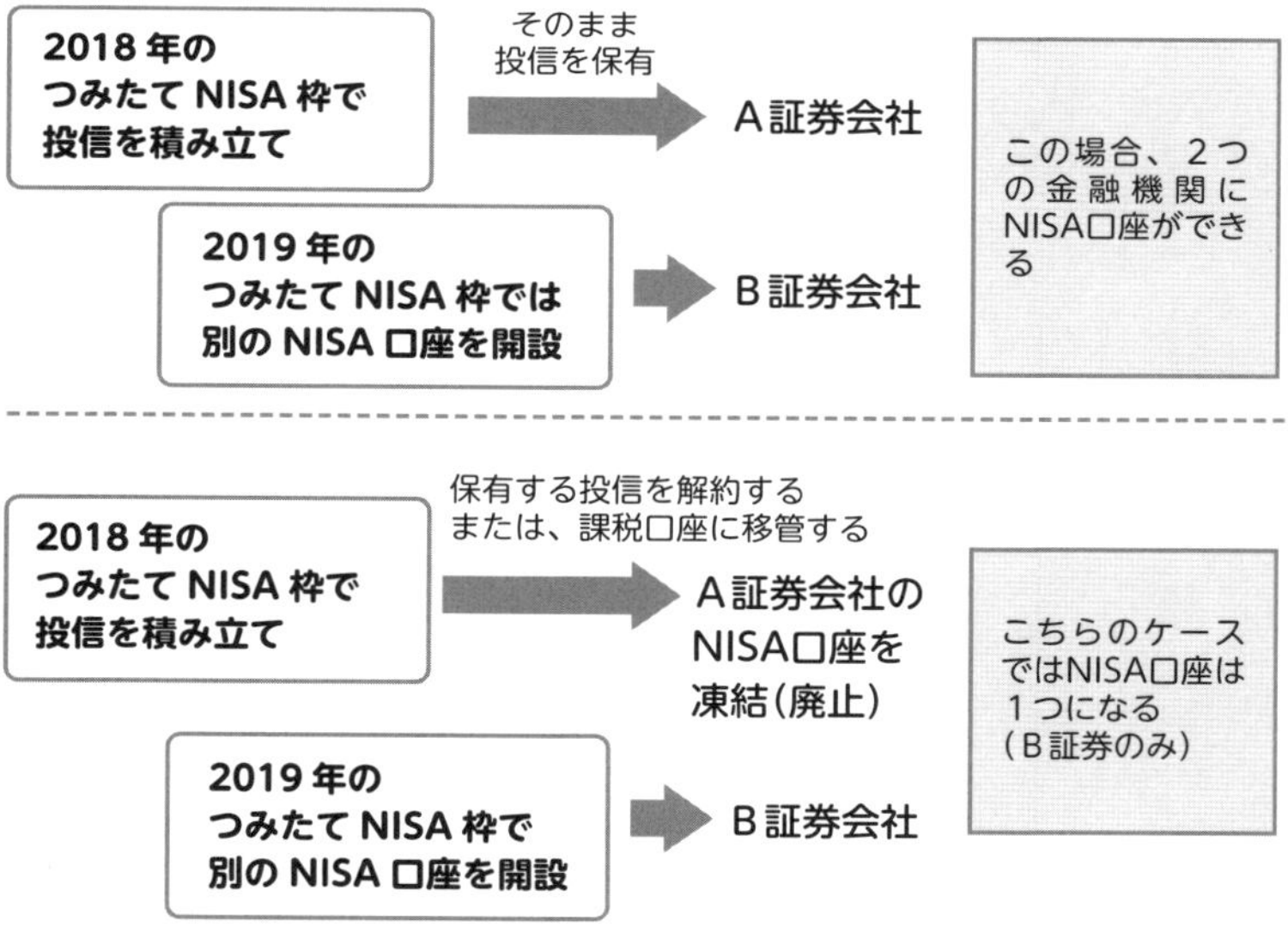
2018年の
つみたてNISA枠で
投信を積み立て
そのまま
投信を保有
A証券会社
2019年の
つみたてNISA枠では
別のNISA口座を開設
B証券会社
この場合、2つの金融機関にNISA口座ができる
2018年の
つみたてNISA枠で
投信を積み立て
保有する投信を解約する
または、課税口座に移管する
A証券会社のNISA口座を凍結（廃止）
2019年の
つみたてNISA枠で
別のNISA口座を開設
B証券会社
こちらのケースではNISA口座は1つになる（B証券のみ）

立てていったとします。この商品をA証券に保有したまま、２０１９年の枠を使うために、別のB証券にＮＩＳＡ口座を開設することも可能です。このケースでは、A証券のＮＩＳＡ口座は存続したまま、B証券に新たにＮＩＳＡ口座を開設するので、２つのＮＩＳＡ口座ができることになります（図５－５の上）。ただし、A証券とB証券と

いう2つの金融機関にＮＩＳＡ口座を持つことになりますが、２０１９年以降の非課税枠が使えるのはＢ証券だけです。

あくまでも年単位の変更ができるだけなので、同じ年に複数の金融機関でＮＩＳＡ口座を開設することはできません。

また、金融機関を変えるためには一定の手続きをとらなくてはなりません。けっこうな手間がかかりますし、口座管理も煩雑になります。金融機関選びを間違えたという方以外は、ＮＩＳＡ口座（つみたてＮＩＳＡ・一般ＮＩＳＡ）はなるべく1つにまとめたほうがベターです。

Q12 金融機関を変更する場合、NISA口座（つみたてNISA・一般NISA）で保有する株式投信を移管できますか？

A できません

1年単位で金融機関を変更することはできますが、NISA口座で保有している投信などを、別の金融機関のNISA口座に移すことはできません。

例えば、A証券のつみたてNISA枠で購入した投信を、翌年新たにNISA口座をつくったB証券に移管することはできないのです。どうしても移管したい場合には一度特定口座などの課税口座に移してから、他の金融機関の特定口座などに移管することになります。その場合も、投信は同じものを扱っているなどの制約があります。

また、一般NISAでは新たなNISA口座の枠にロールオーバーすることができますが、その場合、同じ金融機関であることが前提です。異なる金融機関の一般NISA口座にはロールオーバーできない点は注意が必要です。

Q13 海外転勤になりました。つみたてNISAはそのまま続けられる？

A NISA口座で保有はできるが、新規の積立はできません

当初、NISA口座（一般NISA、つみたてNISA）を利用する人が海外転勤などで日本を離れると、保有する商品は課税口座に払い出されることになっていました。そして、帰国してもその払い出された商品を、NISA口座に戻すことはできませんでした。

2019年4月からそれが見直され、出国日の前日までに金融機関に「継続適用届出書」を提出すれば、引き続きNISA口座で商品を保有できるようになりました。期間は最長5年です。ただし、金融機関が対応するかどうかは任意（義務付けしていない）。海外転勤の可能性のある人は、NISA口座を開設している金融機関に問い合わせましょう。

また、NISA口座で最長5年非課税で運用を継続することはできますが、NISA口座で新規の買付はできません。一般NISAのロールオーバーもできません。

Q14 つみたてNISAに変更したら、今、一般NISAで保有している投信はどうなりますか？

A 非課税期間内はそのまま非課税で運用できます

現在「一般NISA」の枠で保有している投資信託や株式が課税扱いになったり、保有している商品が売却されたりすることはありません。一般NISAから「つみたてNISA」に変更しても、最長5年間は一般NISA枠で保有する商品はそのまま非課税で運用することができます。その間に受け取る株式の配当金や投資信託の分配金は非課税で受け取れますし、売却・解約したときに利益がでていれば、税金はかかりません。

非課税口座終了時には、課税口座（特定口座・一般口座）に移管するか、非課税期間終了前に売却することも可能です。ただし、一般NISAからつみたてNISA枠へのロールオーバーは制度上認められていません。

Q15 一般NISAで今年80万円しか株を買いませんでした。来年、投資枠は160万円になりますか？

A なりません

一般NISAで1年間（1月から12月）に使える枠は120万円です。

例えば、2018年にそのうちの80万円しか使わなかったからといって、翌年に残りの40万円を持ち越すことはできません。翌年の2019年に使える枠は120万円のままです。あくまでもその年の1月から12月に使える枠が「120万円」ということになります。

つみたてNISAも同様で、1年間に使える枠が40万円ある、ということです。かりに毎月2万円ずつ投信を積み立てていき、年間24万円になったとします。40万円から24万円を引いた16万円の枠が余っていますが翌年に持ち越すことはできません。

Q16 一般NISAの枠で2018年7月に投信や株を購入したら、非課税で運用できるのは5年後の2023年6月まで？

A 非課税期間は2022年12月までです

一般NISAの非課税期間は、投資をした年を含めて、最長5年間になります。例えば、2018年の120万円の枠を使って投資をした場合で考えてみます。

2018年に投資をして非課税になる期間はいつまででしょうか？

2018年を含めて5年ですから、答えは2022年12月末までに受け取った配当や分配金、そして売却して得た利益（譲渡益）が非課税になります。このとき、2018年の1月に投資をしても、6月や12月に投資をしても、非課税になるのはすべて2022年12月までです。**「投資してから5年後」までが非課税なのではなく、「最長で」5年です。**この点に注意してください。

Q 17 他の口座で損が出ているので、合わせて儲けを減らしたい

A 他の口座と利益や損を合算することはできません

ＮＩＳＡ口座（つみたてＮＩＳＡ・一般ＮＩＳＡ）では利益も、損もなかったものとみなされます。ですから利益が出たときは非課税になるわけです。そのため、他の口座（特定口座・一般口座）などで損が出ているからといって、ＮＩＳＡ口座の利益と相殺することはできません。

逆に、ＮＩＳＡ口座（つみたてＮＩＳＡ・一般ＮＩＳＡ）で損がでてしまい、他の口座で利益が出たとしても、この場合も損益通算はできません。また、ＮＩＳＡ口座内での相殺もＮＧです。ＮＩＳＡ口座でいくつかの金融商品を売却して、「Ａ投信は5万円の売却益が出た」「Ｂは3万円の損だった」という場合、Ａ投信の利益は非課税になりますが、Ｂ投信の損との相殺はできないのです。

Q18 一般NISAの枠で買った株が値上がりして120万円以上になったら？

A 120万円以上になっても問題なし！

一般NISAで非課税になる枠は「120万円」と決められています。これは一般NISAの枠で金融商品を購入できる金額が120万円までという意味です（手数料は含まない）。ですから、購入したあとに、例えば120万円で購入した株や株式投信が140万円になった（＝120万円の枠をオーバー）としても何の問題もありません。そのまま一般NISA内で運用を続けることができます。

また、非課税期間5年が経過するときに、新たな一般NISAの枠に移管（ロールオーバー）する場合も、120万円の枠は関係なく、140万円すべてをロールオーバーできます。ただし、非課税期間終了時よりも前にロールオーバーするときは120万円の枠内という制限があります（120万円を超えた分は課税口座に）。

Q19 NISA口座で買った株や投信が値下がりしていたら?

A 何もメリットはありません。他の口座と損益通算できない分、不利になります

一般NISAでは、株式や投信の配当・分配金、譲渡益が非課税となる代わりに、「損」もなかったものとみなされます。そのため、ほかの証券口座の利益や配当などと損益を通算することはできません（つみたてNISAも同様）。

さらにNISA口座内で複数の商品を買っていた場合の損益通算もできません。たとえば、A投信とB投信を2本保有していたとします。A投信が10万円の値上がり、B投信は8万円値下がりしたとします。この場合、A投信の売却益10万円に対する税金2万315円は課税されませんが、B投信の損はそのまま投資家が被ることになります。

また、特定口座や一般口座の場合には、年間を通した損を、確定申告して翌年以降の利益と相殺できる制度もありますが、それも利用することもできません。

Q20 一般NISAで株を買っても株主優待は受け取れますか?

A はい、受け取れます

一般NISAで株主優待のある会社の株を買った場合には、通常どおり株主優待を受け取ることはできます。また、特定口座で同じ銘柄を保有している場合には名寄せされて株主名簿に載るため、株数が合算され、それに応じた優待を受けることができます。

コラム　積み立て投資の実践者たち

投資信託を活用して、長期・分散・積み立て投資をしていく方法は実はかなり前からありました。「つみたてNISA」のような資産形成を応援する制度はなかったものの、証券会社や投資信託を運用する会社等を通して、投資信託の積み立てを行うことはできたからです。仕事をしながら10年、20年と長い期間をかけて投信の積み立てをメインに資産形成を行い、金融資産をふやすことができた人も現れています。

例えば、「rennyの備忘録」というブログを運営する、投信ブロガーのrennyさんもそのひとり。投信の積み立てを始めたのは2003年。金融危機などで一時的に資産を減らす経験をしながら、15年近く投信の積み立てを継続してきました。

205ページの図は2003年に投資を始めてから2017年11月までに投資に回したお金（グレーの部分）と、時価評価額の推移（折れ線グラフ）を示したものです。2017年11月末時点でみると、投資したお金は1.9倍以上にふえています。

といっても、投資ですから一直線に、右肩あがりに増えるわけではありません。2008年7月には損益がマイナスとなり、2009年1月には積み立ててきたお金が4割近く目減りする経験もしました。その後、2012年12月に評価額がプラスに転じるまで、5年を要しています。その後は、国内外の株式市場の上昇に伴って、時価評価額は大きくふえました。rennyさん

投資元本と評価額の推移

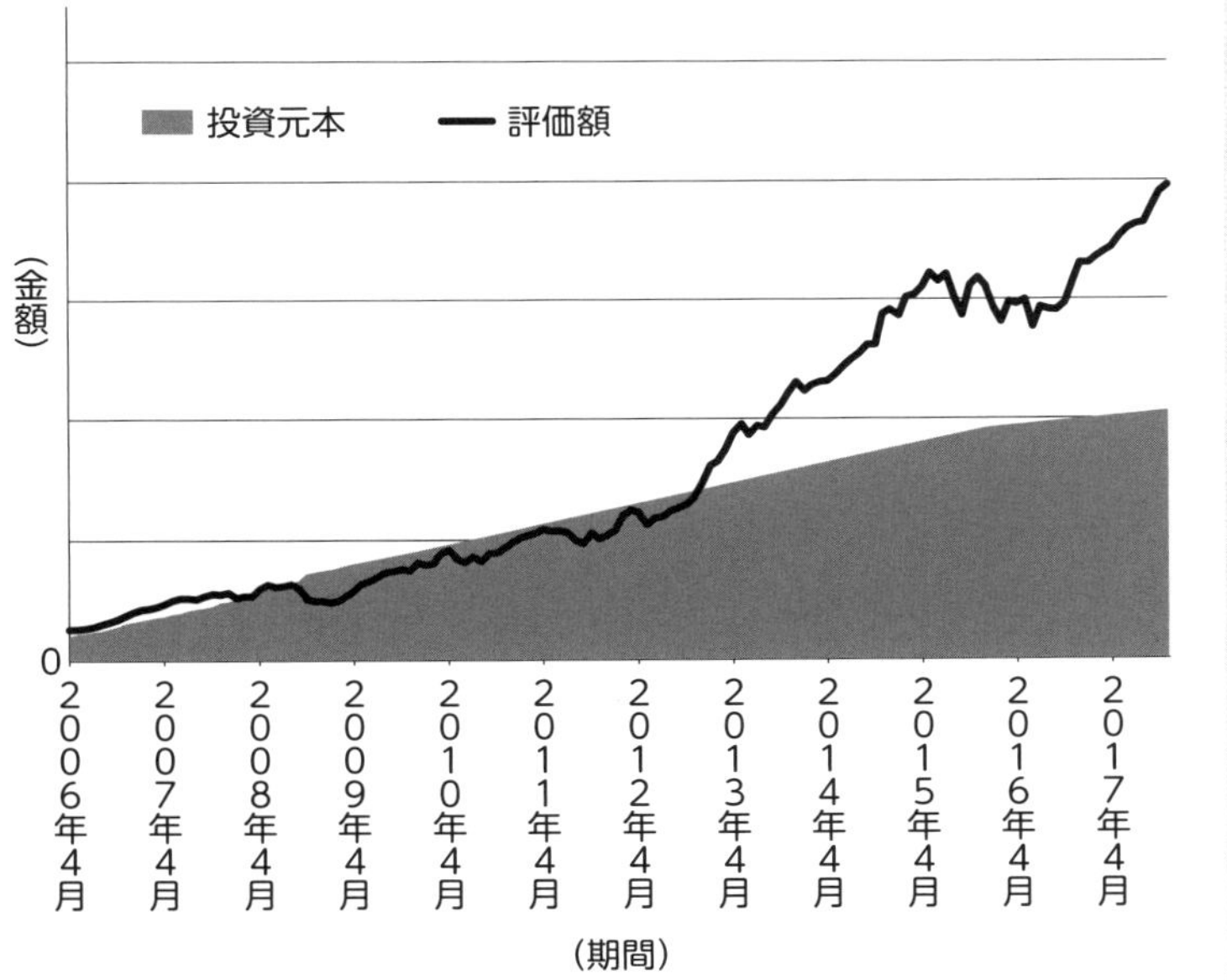

は投資する資金のうち８割程度を株式に投資する投信（個別株を一部含む）で運用していたためです。

「グレー部分はどれだけのお金を、どれだけの期間にわたって、投資対象（投資信託・株式等）に投じていたか、リスクをとっていたかを示しています。コツコツ投資では、この『面積』を大きくすることこそが重要だと考えています」（renny さん）。

投資したお金がどのくらいふえた、減ったという評価損益の推移（下記グラフ）も大事ですが、それ以上に、なるべく早くコツコツ投資を始めて、毎月のお給料から貯蓄や投資にお金を振り向けること、そして、市場に居続けることがとても大切なのだということが２つの図からみえてきます。

評価損益（率）の推移

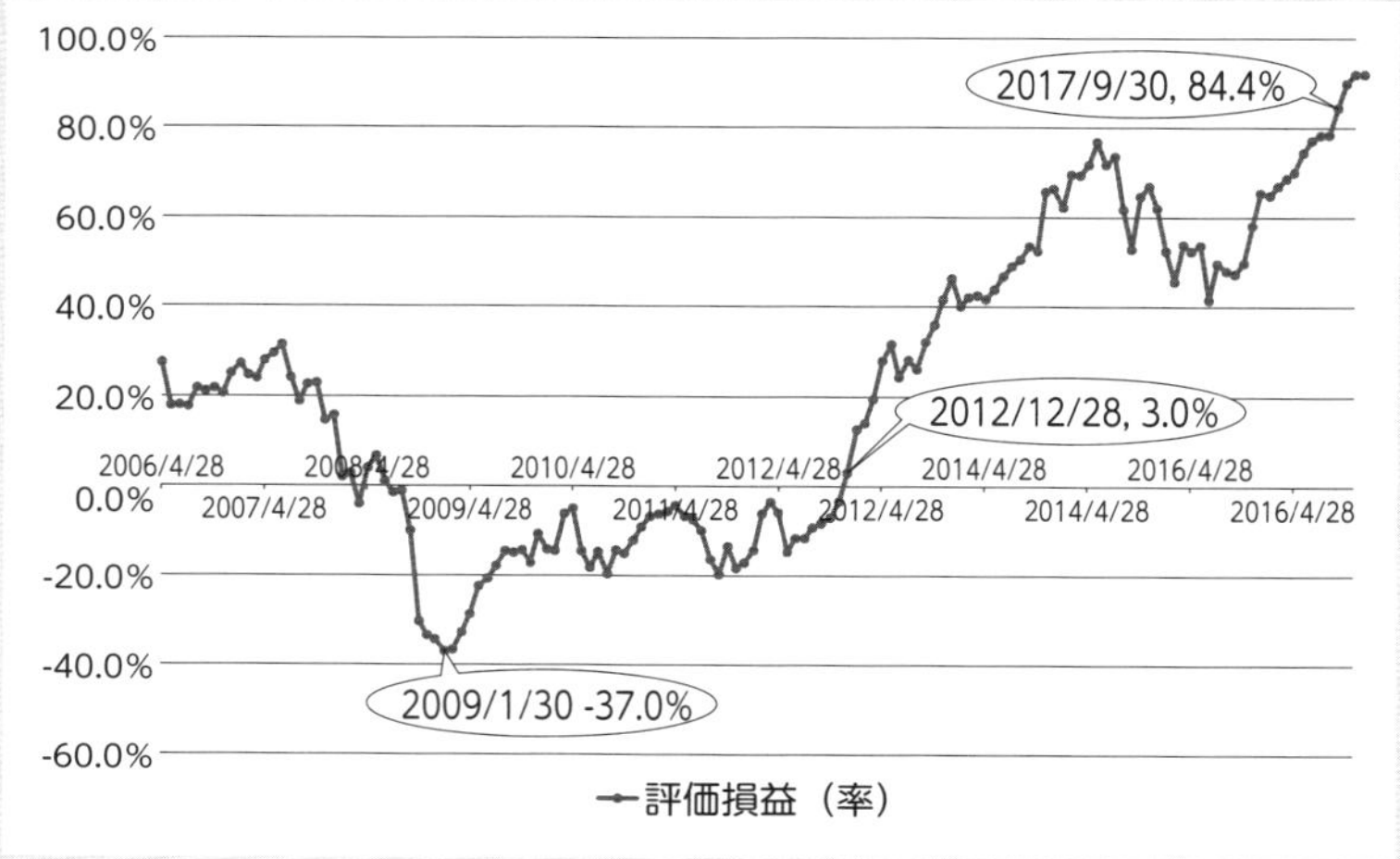

＊ つみたてNISA利用にあたっての参考図書

最近は自分のお金で実際に投資をしてきた投資家さんが、自分の経験をもとに書籍を出版するケースもでてきました。長期分散・積み立て投資を実践してきた投信ブロガーさんの本およ

おわりに

最後までお読みいただき、ありがとうございました。

2017年12月2日付の『日本経済新聞』のコラム「大機小機」にこんな文章が掲載されていました。「株式投資とは、出資者の列に参加し配当金を受け取るとともに、時間をかけ企業価値向上に見合う資産価値を享受することだ」

つみたてNISAの対象は「株式」に投資する投資信託や、「株式」を含むバランス型投信が中心です。株式投資というのは、株を買って会社のオーナー（持ち主）のひとりになることを意味します。いい経営者・会社を見つけて投資をし、長期で株を保有することで、その会社の成長の果実を分け合う（シェア）のが株式投資なのです。

投資信託を通じて株式に投資をするにしても、長期で資産形成をしていくなら、そこは心にとめておきたいところです。そうでないと、どうしても目先の「価格」の動きばかり気になってしまいますし、相場が悪くなるとやめたくなってしまうと思うからです。長い目で「つみたてＮＩＳＡ」などが普及するためには、単に「非課税の制度＝お得！」だけではなく、株式を持つことや、投資をする意味について考えてみることも必要なのではないでしょうか。

また、ＮＩＳＡについては、一般ＮＩＳＡ、つみたてＮＩＳＡ、そしてジュニアＮＩＳＡとたくさんあってわかりにくいという声も耳にします。将来的には、わかりやすく、シンプルで、より使い勝手のよい制度になってほしいと思います。

最後に謝辞を。ダイヤモンド社書籍編集局第二編集部の木村香代さんには大変お世話になりました。また、イボットソン・アソシエイツ・ジャパン 投資情報部の高橋祐規さん、「投資信託事情」編集長の島田知保さんなど、たくさんの方々にご協力、ご助言を頂戴しました。この場を借りて、お礼を申し上げたいと思います。

本書がＮＩＳＡの理解と、みなさんの資産形成に少しでも役立つことを願っています。

２０１７年12月

竹川美奈子

●つみたてNISA対象商品の選定条件●

共通要件（すべての対象商品にあてはまる条件）

●政令要件

□信託期間が無期限または20年以上
□決算頻度が毎月でないこと
□ヘッジ目的の場合を除き、デリバティブ取引による運用を行っていないこと
□金融庁へ届出がされていること
□受益者ごとに、年に1回、信託報酬等の概算値が通知がされること

①指定インデックスファンドの要件
＜以下の要件をすべて満たすことが必要＞

□告示において指定されたインデックスに連動していること（＊1）
□主たる投資の対象資産に株式を含むこと
□購入時手数料：なし（ノーロード）（＊2）
□信託報酬の水準が一定以下
・国内資産を対象とするもの：0.5％以下（＊3）
・海外資産を対象とするもの：0.75％以下（＊3）

＊1：マーケット全体の動きに連動する主要なインデックス
＊2：解約手数料、口座管理手数料についてもゼロであること。信託財産留保額の有無については対象商品の要件とはしない
＊3：信託報酬は税抜の数値。ファンド・オブ・ファンズにおける投資対象ファンドの信託報酬を含む

対象とする指数

		日本	全世界	先進国	新興国
株式	単品で組成可能	・TOPIX ・日経225 ・JPX日経400 ・MSCI Japan Index	・MSCI ACWI Index ・FTSE Global All Cap Index	・FTSE Developed Index ・FTSE Developed All Cap Index ・S&P 500 ・CRSP U.S. Total Market Index ・MSCI World Index ・MSCI World IMI Index	・MSCI Emerging Markets Index ・FTSE Emerging Index ・FTSE RAFI Emerging Index
株式	組合せのみ可能（株式指数は必須）	――	――	・MSCI Europe Index ・FTSE Developed Europe All Cap Index ・Stoxx Europe 600 ・MSCI Pacific Index	・MSCI AC Asia pacific Index
債券	組合せのみ可能（株式指数は必須）	・NOMURA-BPI総合 ・BPI総合 ・NOMURA-BPI国債 ・Barclays Japan Government Float Adjusted Bond Index	・Citi-group World Government Bond Index ・Barclays Capital Grobal Treasury	・Bloomberg-Barclays Global Aggregate Index ・Barclays U.S. Government Float Adjusted Bond Index ・Barclays Euro Government Float Adjusted Bond Index	・JP Morgan GBI EM Global Diversified ・JP Morgan Emerging Market Bond Index Plus
不動産投信	組合せのみ可能（株式指数は必須）	・東証REIT指数	――	・S&P先進国REIT指数 ・S&P米国REIT指数 ・S&P欧州REIT指数 ・FTSE NAREIT エクイティ REIT インデックス	――

②指定インデックス投信以外の投信の要件
＜以下の要件をすべて満たすことが必要＞

□純資産総額50億円以上
□設定から5年以上経過
□設定来、資金流入超の回数が3分の2以上
□投資対象資産が「株式」「株式及び公社債」「株式及びREIT（不動産投信）」「株式、公社債及びREITのいずれか」であること
□購入時手数料：なし（ノーロード）（＊1）
・信託報酬の水準が一定以下
　①国内資産を対象とするもの：1％以下（＊2）
　②海外資産を対象とするもの：1.5％以下（＊2）

＊1：解約手数料、口座管理手数料についてもゼロであること。信託財産留保額の有無については対象商品の要件とはしない
＊2：信託報酬は税抜の数値。ファンド・オブ・ファンズにおける投資対象ファンドの信託報酬を含む

③ ETFの要件
＜以下の要件をすべて満たすことが必要＞

□告示において指定されたインデックスに連動していること（＊1）
□主たる投資の対象資産に株式を含むこと
□最低取引単位が1000円以下
□販売手数料：1.25％以下（＊2）
①国内市場に上場しているもの
　・円滑な流通のための措置を講じていると取引所が指定するもの
　・信託報酬0.25％以下
②海外資産を対象とするもの
　・資産残高1兆円以上
　・信託報酬0.25％以下（税抜）

＊1：指定インデックス投信と同じ　＊2：口座管理手数料についてもゼロ
＊3：信託報酬は税抜の数値

平成 29 年 12 月 18 日現在
金融庁

つみたて NISA 対象商品届出一覧（対象資産別）

【指定インデックス投資信託：117 本】

単一指数・複数指数の区分（※1）	国内型・海外型の区分（※2）	指定指数の名称又は指定指数の数（※3）	ファンド名称（※4）	運用会社
単一指数（株式型）	国内型	TOPIX	たわらノーロード　TOPIX	アセットマネジメント One ㈱
			iFree TOPIX インデックス	大和証券投資信託委託㈱
			＜購入・換金手数料なし＞ニッセイ TOPIX インデックスファンド	ニッセイアセットマネジメント㈱
			ニッセイ TOPIX オープン	ニッセイアセットマネジメント㈱
			野村インデックスファンド・TOPIX	野村アセットマネジメント㈱
			三井住友・DC つみたて NISA・日本株インデックスファンド	三井住友アセットマネジメント㈱
			SMT　TOPIX インデックス・オープン	三井住友トラスト・アセットマネジメント㈱
			eMAXIS Slim 国内株式インデックス	三菱 UFJ 国際投信㈱
			eMAXIS TOPIX インデックス	三菱 UFJ 国際投信㈱
			つみたて日本株式（TOPIX）	三菱 UFJ 国際投信㈱
			Smart-i TOPIX インデックス	りそなアセットマネジメント㈱
		日経平均株価	朝日ライフ 日経平均ファンド	朝日ライフ アセットマネジメント㈱
			たわらノーロード　日経 225	アセットマネジメント One ㈱
			しんきんノーロード日経 225	しんきんアセットマネジメント投信㈱
			iFree 日経 225 インデックス	大和証券投資信託委託㈱
			＜購入・換金手数料なし＞ニッセイ日経平均インデックスファンド	ニッセイアセットマネジメント㈱
			ニッセイ日経 225 インデックスファンド	ニッセイアセットマネジメント㈱

つみたてNISA対象商品一覧

単一指数（株式型）	国内型	日経平均株価	農林中金＜パートナーズ＞つみたてNISA日本株式 日経225　（※5）	農林中金全共連アセットマネジメント㈱
			野村インデックスファンド・日経225	野村アセットマネジメント㈱
			野村つみたて日本株投信	野村アセットマネジメント㈱
			i-SMT 日経225インデックス（ノーロード）	三井住友トラスト・アセットマネジメント㈱
			SMT　日経225インデックス・オープン	三井住友トラスト・アセットマネジメント㈱
			eMAXIS 日経225インデックス	三菱UFJ国際投信㈱
			つみたて日本株式（日経平均）	三菱UFJ国際投信㈱
			Smart-i 日経225インデックス	りそなアセットマネジメント㈱
		JPX日経インデックス400	iFree JPX日経400インデックス	大和証券投資信託委託㈱
			＜購入・換金手数料なし＞ニッセイJPX日経400インデックスファンド	ニッセイアセットマネジメント㈱
			野村インデックスファンド・JPX日経400	野村アセットマネジメント㈱
			SMT　JPX日経インデックス400・オープン	三井住友トラスト・アセットマネジメント㈱
			eMAXIS JPX日経400インデックス	三菱UFJ国際投信㈱
	海外型	MSCI ACWI	全世界株式インデックス・ファンド	ステート・ストリート・グローバル・アドバイザーズ㈱
			野村つみたて外国株投信	野村アセットマネジメント㈱
			三井住友・DCつみたてNISA・全海外株インデックスファンド	三井住友アセットマネジメント㈱
			eMAXIS 全世界株式インデックス	三菱UFJ国際投信㈱
		FTSE Global All Cap Index	EXE-i　つみたてグローバル（中小型含む）株式ファンド	SBIアセットマネジメント㈱
			楽天・全世界株式インデックス・ファンド	楽天投信投資顧問㈱
		MSCI World Index（MSCIコクサイ・インデックス）	たわらノーロード　先進国株式	アセットマネジメントOne㈱
			たわらノーロード　先進国株式＜為替ヘッジあり＞	アセットマネジメントOne㈱
			iFree 外国株式インデックス（為替ヘッジあり）	大和証券投資信託委託㈱

単一指数（株式型）	海外型	MSCI World Index（MSCI コクサイ・インデックス）	iFree 外国株式インデックス（為替ヘッジなし）	大和証券投資信託委託㈱
			<購入・換金手数料なし>ニッセイ外国株式インデックスファンド	ニッセイアセットマネジメント㈱
			野村インデックスファンド・外国株式	野村アセットマネジメント㈱
			野村インデックスファンド・外国株式・為替ヘッジ型	野村アセットマネジメント㈱
			外国株式指数ファンド	三井住友アセットマネジメント㈱
			i-SMT グローバル株式インデックス（ノーロード）	三井住友トラスト・アセットマネジメント㈱
			SMT　グローバル株式インデックス・オープン	三井住友トラスト・アセットマネジメント㈱
			eMAXIS Slim 先進国株式インデックス	三菱 UFJ 国際投信㈱
			eMAXIS 先進国株式インデックス	三菱 UFJ 国際投信㈱
			つみたて先進国株式	三菱 UFJ 国際投信㈱
			つみたて先進国株式（為替ヘッジあり）	三菱 UFJ 国際投信㈱
			Smart-i 先進国株式インデックス	りそなアセットマネジメント㈱
		S&P500	米国株式インデックス・ファンド	ステート・ストリート・グローバル・アドバイザーズ㈱
			iFree S&P500 インデックス	大和証券投資信託委託㈱
			農林中金<パートナーズ>つみたて NISA 米国株式 SP500（※ 5）	農林中金全共連アセットマネジメント㈱
		CRSP U.S. Total Market Index	楽天・全米株式インデックス・ファンド	楽天投信投資顧問㈱
		MSCI Emerging Markets Index	たわらノーロード　新興国株式	アセットマネジメント One ㈱
			<購入・換金手数料なし>ニッセイ新興国株式インデックスファンド	ニッセイアセットマネジメント㈱
			野村インデックスファンド・新興国株式	野村アセットマネジメント㈱
			三井住友・DC 新興国株式インデックスファンド	三井住友アセットマネジメント㈱

つみたてNISA対象商品一覧

単一指数（株式型）	海外型	MSCI Emerging Markets Index	SMT　新興国株式インデックス・オープン	三井住友トラスト・アセットマネジメント㈱
			eMAXIS Slim 新興国株式インデックス	三菱UFJ国際投信㈱
			eMAXIS 新興国株式インデックス	三菱UFJ国際投信㈱
			つみたて新興国株式	三菱UFJ国際投信㈱
			Smart-i 新興国株式インデックス	りそなアセットマネジメント㈱
		FTSE Emerging Index	EXE-i　つみたて新興国株式ファンド	SBIアセットマネジメント㈱
		FTSE RAFI Emerging Index	iFree 新興国株式インデックス	大和証券投資信託委託㈱
複数指数（バランス型）	国内型	2指数	日本株式・Jリートバランスファンド	岡三アセットマネジメント㈱
		3指数	東京海上・円資産インデックスバランスファンド	東京海上アセットマネジメント㈱
			ニッセイ・インデックスパッケージ（国内・株式／リート／債券）	ニッセイアセットマネジメント㈱
	海外型	2指数	ドイチェ・ETFバランス・ファンド	ドイチェ・アセット・マネジメント㈱
		3指数	ニッセイ・インデックスパッケージ（内外・株式）	ニッセイアセットマネジメント㈱
		4指数	JP4資産均等バランス	JP投信㈱
			ダイワ・ライフ・バランス30	大和証券投資信託委託㈱
			ダイワ・ライフ・バランス50	大和証券投資信託委託㈱
			ダイワ・ライフ・バランス70	大和証券投資信託委託㈱
			＜購入・換金手数料なし＞ニッセイ・インデックスバランスファンド（4資産均等型）	ニッセイアセットマネジメント㈱
			DCニッセイワールドセレクトファンド（安定型）	ニッセイアセットマネジメント㈱
			DCニッセイワールドセレクトファンド（株式重視型）	ニッセイアセットマネジメント㈱
			DCニッセイワールドセレクトファンド（債券重視型）	ニッセイアセットマネジメント㈱
			DCニッセイワールドセレクトファンド（標準型）	ニッセイアセットマネジメント㈱

複数指数（バランス型）	海外型	4指数	三井住友・DC ターゲットイヤーファンド 2040（4 資産タイプ）	三井住友アセットマネジメント㈱
			三井住友・DC ターゲットイヤーファンド 2045（4 資産タイプ）	三井住友アセットマネジメント㈱
			三井住友・DC 年金バランス 30（債券重点型）	三井住友アセットマネジメント㈱
			三井住友・DC 年金バランス 50（標準型）	三井住友アセットマネジメント㈱
			三井住友・DC 年金バランス 70（株式重点型）	三井住友アセットマネジメント㈱
			eMAXIS バランス（4 資産均等型）	三菱 UFJ 国際投信㈱
			つみたて 4 資産均等バランス	三菱 UFJ 国際投信㈱
		5 指数	ニッセイ・インデックスパッケージ（内外・株式／リート）	ニッセイアセットマネジメント㈱
			野村インデックスファンド・海外 5 資産バランス	野村アセットマネジメント㈱
		6 指数	＜購入・換金手数料なし＞ニッセイ・インデックスバランスファンド（6 資産均等型）	ニッセイアセットマネジメント㈱
			野村 6 資産均等バランス	野村アセットマネジメント㈱
			ブラックロック・つみたて・グローバルバランスファンド	ブラックロック・ジャパン㈱
			SBI 資産設計オープン（つみたて NISA 対応型（※ 5）	三井住友トラスト・アセットマネジメント㈱
			SMT　世界経済インデックス・オープン	三井住友トラスト・アセットマネジメント㈱
			SMT　世界経済インデックス・オープン（株式シフト型）	三井住友トラスト・アセットマネジメント㈱
			SMT　世界経済インデックス・オープン（債券シフト型）	三井住友トラスト・アセットマネジメント㈱
			eMAXIS 最適化バランス（マイゴールキーパー）	三菱 UFJ 国際投信㈱
		7 指数	ニッセイ・インデックスパッケージ（内外・株式／リート／債券）	ニッセイアセットマネジメント㈱
			野村インデックスファンド・内外 7 資産バランス・為替ヘッジ型	野村アセットマネジメント㈱
		8 指数	たわらノーロード　バランス（8 資産均等型）	アセットマネジメント One ㈱
			たわらノーロード　バランス（堅実型）	アセットマネジメント One ㈱
			たわらノーロード　バランス（積極型）	アセットマネジメント One ㈱

複数指数（バランス型）	海外型	8指数	たわらノーロード　バランス（標準型）	アセットマネジメントOne㈱
			iFree 8資産バランス	大和証券投資信託委託㈱
			三井住友・DCつみたてNISA・世界分散ファンド	三井住友アセットマネジメント㈱
			SMT　8資産インデックスバランス・オープン	三井住友トラスト・アセットマネジメント㈱
			eMAXIS Slim バランス（8資産均等型）	三菱UFJ国際投信㈱
			eMAXIS 最適化バランス（マイストライカー）	三菱UFJ国際投信㈱
			eMAXIS 最適化バランス（マイディフェンダー）	三菱UFJ国際投信㈱
			eMAXIS 最適化バランス（マイフォワード）	三菱UFJ国際投信㈱
			eMAXIS 最適化バランス（マイミッドフィルダー）	三菱UFJ国際投信㈱
			eMAXIS バランス（8資産均等型）	三菱UFJ国際投信㈱
			eMAXIS マイマネージャー 1970s	三菱UFJ国際投信㈱
			eMAXIS マイマネージャー 1980s	三菱UFJ国際投信㈱
			eMAXIS マイマネージャー 1990s	三菱UFJ国際投信㈱
			つみたて8資産均等バランス	三菱UFJ国際投信㈱
			つみたてバランスファンド	りそなアセットマネジメント㈱

※1　単一指数は、内閣府告示第540号第1条第4号イに規定する「公募株式投資信託の委託者指図型投資信託約款において、信託財産は別表第一下欄に掲げる資産のうち、いずれか一の指数に採用されている資産に投資を行い、その信託財産の受益権一口当たりの純資産額の変動率を当該一の指数の変動率に一致させることを目的とした運用を行う旨の定めがあるもの」をいう。また、複数指数は、同号ロに規定する「信託財産は別表第一下欄又は別表第二四欄に掲げる指数のうち、いずれか二以上の指定指数に採用されている資産に投資を行い、その信託財産の受益権一口当たりの純資産額の変動率を当該二以上の指定指数の変動率に連動させることを目的とした運用を行う旨」の定めがあるものをいう。

※2　国内型は、同告示第1条第6号に規定する「国内型インデックス投資信託」をいう。海外型は、同条第5号に規定する「海外型インデックス投資信託」をいう。

※3　指定指数の名称は、同告示別表一に掲げる指数の名称であり、各指数は、配当を含めるか否かの別、為替ヘッジの有無又は特定の一国を除外若しくは包含するか否かの別により、別個の指数を算出している場合における当該指数を含む。

※４　ファンド名称は、「単一指数・複数指数の区分」、「国内型・海外型の区分」、「指定指数の名称又は指定指数の数」ごとに、運用会社の五十音順で表示している。

平成 29 年 12 月 18 日現在
金融庁

つみたて NISA 対象商品届出一覧（対象資産別）

【指定インデックス投資信託以外の投資信託（アクティブ運用投資信託等）：15 本】

国内型・海外型の区分（※１）	投資の対象としていた資産の区分（※２）	ファンド名称（※３）	運用会社
国内型	株式	コモンズ 30 ファンド	コモンズ投信㈱
		大和住銀 DC 国内株式ファンド	大和住銀投信投資顧問㈱
		年金積立　Ｊグロース	日興アセットマネジメント㈱
		ニッセイ日本株ファンド	ニッセイアセットマネジメント㈱
		ひふみ投信	レオス・キャピタルワークス㈱
		ひふみプラス	レオス・キャピタルワークス㈱
	株式及び公社債	結い 2101	鎌倉投信㈱
海外型	株式	セゾン資産形成の達人ファンド	セゾン投信㈱
		フィデリティ・欧州株・ファンド	フィデリティ投信㈱
	株式及び公社債	セゾン・バンガード・グローバルバランスファンド	セゾン投信㈱
		ハッピーエイジング 30	損保ジャパン日本興亜アセットマネジメント㈱
		ハッピーエイジング 40	損保ジャパン日本興亜アセットマネジメント㈱
		世界経済インデックスファンド	三井住友トラスト・アセットマネジメント㈱
	株式及び REIT	フィデリティ・米国優良株・ファンド	フィデリティ投信㈱
	株式、公社債及び REIT	のむラップ・ファンド（積極型）	野村アセットマネジメント㈱

※１　国内型は、内閣府告示第 540 号第１条第８号に規定する「国内型一般公募株式投資信託」をいう。海外型は、同条第７号に規定する「海外型一般公募株式投資信託」をいう。

※２　投資の対象としていた資産の区分は、同告示第２条第２号ハに規定する「基準計算期間において（中略）投資の対象としていた資産」の区分をいう。

※３　ファンド名称は、「国内型・海外型の区分」、「投資の対象としていた資産の区分」ごとに、運用会社の五十音順で表示している。

平成29年12月18日現在
金融庁

つみたてNISA対象商品届出一覧（対象資産別）

【上場株式投資信託（ETF）：3本】

指定指数の名称（※1）	ファンド名称（※2）	運用会社
TOPIX	ダイワ上場投信ートピックス	大和証券投資信託委託㈱
日経平均株価	ダイワ上場投信ー日経225	大和証券投資信託委託㈱
JPX日経インデックス400	ダイワ上場投信ー JPX日経400	大和証券投資信託委託㈱

※1　指定指数の名称は、内閣府告示第540号別表一に掲げる指数の名称であり、各指数は、配当を含めるか否かの別、為替ヘッジの有無又は特定の一国を除外若しくは包含するか否かの別により、別個の指数を算出している場合における当該指数を含む。
※2　ファンド名称は、「指定指数の名称」ごとに、運用会社の五十音順で表示している。

最新のつみたてNISA対象商品はこちらからチェック！

重要事項（ディスクレイマー）

●本書に含まれる情報に関しては、筆者が信頼できると判断した情報をもとに作成したものですが、その内容および正確性、完全性、有用性について保証するものではありません。また、本書に記載された内容は 2017 月 12 月 20 日時点において作成されたものであり、予告なく変更される場合があります。
●本書における情報はあくまで情報提供を目的としたものであり、個別の商品の詳細については運用会社や証券会社、銀行などに直接お問い合わせください。また、投資信託の購入に際しては、必ず目論見書（投資信託説明書）をお読みください。
●情報の利用の結果として何らかの損害が発生した場合、著者および出版社は理由のいかんを問わず、責任を負いません。投資対象および商品の選択など、投資にかかる最終決定はご自身の判断でなさるようお願い致します。

●図３－２（P107）、図３－９（P133）、図３－10（P137）、図３－11（P140）、図３－12（P141）、図３－13（P143）、図３－14（P145）について

- 当資料は情報提供を目的としてイボットソン・アソシエイツ・ジャパン株式会社が作成したものであり、いかなる投資の推奨・勧誘を目的としたものではありません。
- 当資料は、各種の信頼できる情報に基づき作成しておりますが、その正確性・完全性を保証するものではありません。
- 当資料の中で記載されている内容、数値、図表、意見等は当資料作成時点のものであり、将来の成果を示唆・保証するものではありません。
- 当資料の中で記載されている数値・図表等において、利息・配当は再投資したものとし、取引に係る手数料・税金は考慮しておりません。
- 当資料はイボットソン・アソシエイツ・ジャパン株式会社の著作物です。
イボットソン・アソシエイツ・ジャパン株式会社の承諾なしでの利用、複製等は損害賠償、著作権法の罰則の対象となります。

［著者］

竹川美奈子（たけかわ・みなこ）

LIFE MAP, LLC代表/ファイナンシャル・ジャーナリスト。

出版社や新聞社勤務などを経て独立。2000年FP資格を取得。取材・執筆活動を行うほか、投資信託やiDeCo（個人型確定拠出年金）、マネープランセミナーなどの講師を務める。「一億人の投信大賞」選定メンバー、「コツコツ投資家がコツコツ集まる夕べ（東京）」幹事、「投信ブロガーが選ぶ！Fund of the year」運営委員などをつとめ、投資のすそ野の拡大に取り組んでいる。2016年7月～12月、金融庁金融審議会「市場ワーキング・グループ」委員。

主な著書に『投資信託にだまされるな！』（シリーズ累計22万部）、『一番やさしい！一番くわしい！はじめての「投資信託」入門』、『一番やさしい！一番くわしい！個人型確定拠出年金iDeCo活用入門』（共にダイヤモンド社）、『貯金ゼロ・知識ゼロ・忍耐力ゼロからのとってもやさしいお金のふやし方』（朝日新聞出版）ほか多数。

WEBサイト　lifemapllc.com

税金がタダになる、おトクな
「つみたてNISA」「一般NISA」活用入門

2018年1月24日　第1刷発行
2021年3月24日　第6刷発行

著　者————竹川美奈子
発行所————ダイヤモンド社
〒150-8409　東京都渋谷区神宮前6-12-17
https://www.diamond.co.jp/
電話／03･5778･7233（編集）　03･5778･7240（販売）

装丁————萩原弦一郎(256)
イラスト————宗 誠二郎
本文・DTP・製作進行——ダイヤモンド・グラフィック社
印刷————勇進印刷(本文)・加藤文明社(カバー)
製本————ブックアート
編集担当————木村香代

ISBN 978-4-478-10469-9